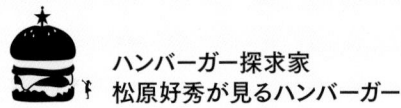
ハンバーガー探求家
松原好秀が見るハンバーガー

ハンバーガー世代が始めた食べ歩きの旅
本物のハンバーガーとは？

　1971年7月20日、東京銀座に『マクドナルド』日本1号店がオープンしました。物心ついたときにはハンバーガーショップがあった私は、ハンバーガーとともに育ったハンバーガー世代です。
　小学生の頃は、ビッグマックを食べると翌日学校で自慢できるくらい、ハンバーガーは「ご馳走」でした。高校の頃にはマクドナルドは部活帰りの溜まり場となり、そして1個60円を切るような時代があって、やがてハンバーガーは特別なものでなくなります——。私は滅多にハンバーガーを食べなくなりました。
　ほぼ食べない時期が10年ほど続きますが、その眠りを覚ましたのが、2009年に日本から撤退したハンバーガーチェーン、『ウェンディーズ』です。
　本当に偶然ふらっと店に入り、そのハンバーガーを初めて目にしたとき、驚きました。このバーガーにはレタスも、トマトも、タマネギも入ってる……！　それまでハンバーガーと言えば、アゴの裏に貼り付くポサポサのパンの間に、薄っぺらな肉一枚がかろうじて挟まった、そんなイメージしかなかったのが、このきちんと野菜が収まるカラフルなバー

「HAMBURGER STREET」とは　http://hamburger.jp/
日本全国のハンバーガーショップを紹介する専門サイト。松原好秀が運営し、オーナーの人柄や、店ができるまでの経緯などに焦点を当てた記事で注目を集めている。本サイトを参考にハンバーガーを始めたという店も多く、バーガー各店からの信頼も厚い。

ガーを食べたとき、「アレ？　野菜なしと野菜入りと、どっちが本当のハンバーガー？」という疑問がふと湧いて、それが今にいたるバーガー探求の始まりになったワケです。

　考えてみれば、あまりに当たり前に身近にあり過ぎて、ハンバーガーという食べ物について、それまでロクに考えてみたこともありませんでした。きっと皆さんもそうだろうと思います。当たり前過ぎるがゆえに語られることのなかった食べ物——それがハンバーガーです。

　そこで、ほかに身近にどんなバーガーがあるのだろうと、食べ歩いてみることにしました。

　2004年当時、今のように専門店がたくさんある状況ではなかったので、店の情報を得ること自体ひと苦労でした。「ココのハンバーガーは人生最高！」なんてネットに書いてあっても、いざ行ってみれば「ハンバーグサンド」と呼ぶ方が正しい食べ物だったり、世のハンバーガーについての定義も認識も、実にいい加減で曖昧なものばかり多かったように思います。

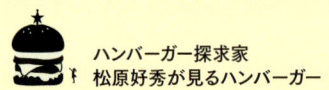
ハンバーガー探求家
松原好秀が見るハンバーガー

キャデラックからハイブリッドカーへ
本場アメリカと日本のハンバーガーの違い

　「これぞ求めていたハンバーガー！」というものに出会ったのは、人形町の『BROZERS'』が最初です。高くすっくとそびえ立つ、その見事なビジュアルに一発KOされました。肉一枚のぺらぺらなバーガーとは明らかに世界が違う、まさに「絵に描いたような」ハンバーガーです。
　ハンバーガーは華のある食べ物です。タテに高く積み上げられ立体的で、トマトの赤、チーズの黄、レタスの緑──原色をカラフルに配した、日本の料理にはない造形の華やかさに私は「アメリカ」を感じました。ただしそれは日本人が思う「理想のアメリカ」であって、本当のアメリカで出てくるリアルなハンバーガーとは、また別種のものです。
　アメリカと日本のハンバーガーの違いでよく言われるのが「サイズ」です。あちらのレストランで出てきたハンバーガーは食べ切れないくらい大きくて、ひきかえ日本のハンバーガーは値段が高い割りに小さい……と、たまに聞かされます。
　たとえばアメリカのハンバーガーを「キャデラック」だと思ってください。そのイカツイ車体を日本の高度な工業技術によって小さくコンパクトに、低燃費に、精巧に、そして見た目にも美しく仕上げた、いわばあ

らゆる最先端技術を詰め込んだ「ハイブリッドカー」が、日本のハンバーガーです。サイズは劣っても性能では負けません！　アメリカの奔放で豪快なバーガーを、日本人特有の細やかな手先と舌先によって高度に仕上げた——それが日本のハンバーガーです。

　アメリカと日本では国土の面積も、食糧事情も、物価（特に肉の値段）も体格も、胃袋の大きさも、すべての事情が違いますから、当然と言えば当然のアレンジです。

　そして日本のハンバーガーは、それ1個の中で味が調えられていて、ケチャップやマスタードなどを特にかける必要がありません。そのまま食べられます。一品の料理の中で味が完結しているというのは、あるいは和食的な発想なのかもしれません。そんな辺りも違います。

　なのでロクに味も見ずに、食べる前からケチャップ・マスタードをかけるのは誤り。ラーメンに無意識に胡椒を振る人と同じです。まずハンバーガーの味の傾向を知ったうえで、もし足りなければ、その対策として適宜かけてくださいね。

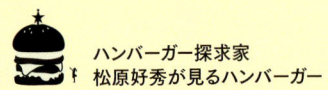
ハンバーガー探求家
松原好秀が見るハンバーガー

ハレの日の食べ物
ハンバーガーの食べ方・楽しみ方

　アメリカ人にとってハンバーガーは日常当たり前にある、ごくありふれた食べ物です。一方、ファストフードによってハンバーガーを知った日本人にとって、手間暇かけて丹念に作り上げた昨今の「食事」になるバーガーは特別な食べ物であり、「ご馳走」です。おいしいものが食べたいとき、何かいいことがあったときに食べる晴れの食事、「ハレ食」的な存在と言えるでしょう。

　「今週はよく働いたなぁ」という週末の晩に、ハンバーガーを頼んでみてください。テーブルに運ばれてきた瞬間、その豪快でパワフルな見た目にまず心躍ることでしょう。熱々を素手で掴み、ダイレクトにかぶり付きます。ナイフやフォークを使うのは間違いではありませんが、でもせっかくきれいに積み上げられているのをわざわざ崩して食べるのは、太巻きの中だけくりぬいて食べるようなもので、無粋でしょう。この高度な文明社会の中にあって、素手で食べることが許される数少ない「料理」のひとつです。周りを気にせず、豪快にかぶり付いてください！

　ハンバーガーは焼いた肉と生野菜を炭水化物で挟み込んだ、つまりお

　膳の上のすべてがひと口で食べられる食べ物です。すべては目の前にあります。器のフチに口をつけてカツ丼を一気に掻き込むのにも似て、集中して食べるほどに頭に血が上ってゆきます。食べ終わった後には達成感と、肩の力が抜け落ちるような心地よい虚脱感が待っています。
　でもBGMもない、水槽のサーモの音だけがジーッと鳴っているような、どこかの蕎麦屋みたいな店内で食べても、ちっともおいしくありませんよね？　ゴキゲンな音楽、にぎやかなアメリカン雑貨、アンティーク、明るく陽気な店員——ハンバーガーはズバリ雰囲気の食べ物です！
　ぜひ自分好みの食べ方を見つけてください。炭酸飲料が合うと決まったワケではありません。ケチャップ・マスタードをかけなければいけないルールもありません。もっとおいしい食べ方があるかもしれません。せっかく「ご馳走」を食べるのですから、今までの固定観念にとらわれず、「こんなとき」「こんな場面で」「こんな人と」食べたら最高においしい！　というあなたならではのおいしい食べ方を見つけて楽しんでください！
　さぁ、ガイドブック片手に、ハンバーガー探求の旅の始まりです！

もくじ

- 2 ハンバーガー探求家・松原好秀が見るハンバーガー
- 8 もくじ
- 10 本書の見方

11		**東京MAP**
12	足立区	SUNNY DINER
14	足立区	蜂の巣
16	文京区	Rainbow kitchen
18	文京区	One's Drive
20	文京区	FIRE HOUSE
21	千代田区	THE BEAT DINER
22	千代田区	I-Kousya
24	中央区	BROZERS'
26	港区	Authentic
28	港区	Doggy's Diner
30	港区	E・A・T
32	港区	Suji's
34	港区	Burger Mania
36	港区	C4U
37	移動店舗	MUNCH'S BURGER
38	品川区	7025 Franklin Ave.
40	品川区	TRUST SALOON
42	渋谷区	GRILL BURGER CLUB SASA
43	渋谷区	GOTHAM GRILL
44	渋谷区	Homework's
46	渋谷区	Reg-On Diner
48	渋谷区	THE GREAT BURGER
50	渋谷区	GORO'S☆DINER
52	渋谷区	Bar Shanks
54	渋谷区	ARMS
56	渋谷区	WeST PArK CaFE
57	渋谷区	ZipZap
58	新宿区	Faith
60	新宿区	J. S. BURGERS CAFE
61	新宿区	MADAM K

74 ハンバーガーの原点を知る店──frisco（下北沢）
90 重ね順の秘密！ハンバーガーの世界
106 比較食文化研究家・新井由己が考えるハンバーガー

62 豊島区　EAST VILLAGE
64 板橋区　HUNGRY HEAVEN
66 中野区　佐世保バーガー Zats Burger Cafe
67 武蔵野市　GONO burger & grill
68 調布市　JACKSON HOLE
69 世田谷区　FUNGO
70 世田谷区　THE BURGERSTAND FELLOWS
72 目黒区　AS CLASSICS DINER

75 **神奈川MAP**
76 横浜市　Bigmamacafe
78 横浜市　COCOCHI BURGERS
80 横浜市　MOON Cafe
82 横浜市　L. A. S. T
83 横須賀市　HONEY BEE
84 横須賀市　TSUNAMI／津波
86 鎌倉市　good mellows
87 茅ヶ崎市　LATINO HEAT
88 厚木市　GUGGENHEIM MAFIA

91 **埼玉・千葉MAP**
92 川越市　OATMAN DINER
94 行田市　Cafe Easy Land
95 川口市　Spiders Burger×Pizza
96 草加市　UNCHAIN FARM
98 柏市　66
100 松戸市　R-S
102 市川市　Castle Rock
104 船橋市　ALOHA DINER DUKE'S
105 千葉市　PANTRY COYOTE

本書の見方

本書の取材は2010年4月〜6月にかけて行いました。これ以後の、営業時間や価格の変更、またお店の閉店等に関してはご容赦ください。なお、掲載内容の変更、訂正等がお店より寄せられた場合は、弊社ホームページにて随時お知らせいたします。

http://www.mikishobou.com/

❶ 店名

❷ 開業年

❸ ピクトマーク：

パティ 000 グラム	各店の標準的なパティの量を記載しています。メニューによってかなり異なる場合もありますので、ご注意ください
喫煙 OK	店内におけるタバコの喫煙・禁煙状況を表しています
デリバリー	デリバリー可能店です
テイクアウト	テイクアウト可能店です
子供入店可	小学生以下の子ども連れで入店可能な店です
車イス可	車イスで入店可能な店です。ただし店がバリアフリーということではありません。トイレなどが車イスに対応していない店も含まれます。受け入れ態勢はまちまちですので、お出かけの際には店に確認していただくことをおすすめします

❹ ハンバーガーの重ね順：店の基本的なハンバーガーの重ね順を上から順番に並べたものです

Crown	クラウンは上のバンズ（パン）、	Sauce	タルタルソース、デミグラスソース、BBQソース、
Heel	ヒールは下のバンズの呼び名です		各店オリジナルソースなどを表します
Patty	パティ（肉）。ハンバーガーの主役です		

Tomato	Onion	Lettuce	Mayonnaise	Mustard	ketchup	Pickles

左から、トマト、タマネギ、レタス、マヨネーズ、マスタード、ケチャップ、ピクルス（レリッシュも含む）を表します

THE BURGER MAP

東京
TOKYO

㊲（移動店舗）

地図内の番号は、店の位置と掲載ページを表しています

Since 2005

パティ 113 グラム

喫煙 OK

テイク アウト

子供 入店可

サニー ダイナー
SUNNY DINER

暮れなずむ町に燦然と輝く、小さなアメリカンダイナー

　宿場町通りを一本西に隔てた、小学校向かいの角地にある小さなダイナー。ときに客同士譲り合わねばならぬほどに狭い店だが、店内はスタッフの元気と気配りに満ちあふれている。パティは国産牛100パーセントで、甘くやわらかな特有の味わい。ザクザク粗く切ったタマネギの辛みは、まるで正反対の組み合わせだが、ふんわりソフトなバンズに挟まれて、この店独特の豪快なおいしさを生み出している。

　最大の名物はポテト。当初、フライドポテト専門店を目指していたオーナー関根さんの気っぷの良さを物語るその量は、ハンバーガーを片付けた後、もう一回戦あるかと思わせるくらい山盛り!

➡ 「サニーサラダ」(580円)。温泉玉子の上からケイジャンソースがかかる、カラフルで豪華な一品。

⬆ 千住の裏通り、「裏千」を自称する7坪弱の店構え。2009年夏には北千住ルミネ店もオープンし、両店ともに絶好調!

MENU
フッツウノ 880円／アボカドベーコンチーズバーガー 1180円／フィッシュ&リングス 580円／サニーサンデー 580円／生ビール 500円／チョコバナナシェイク 580円

🏠 東京都足立区千住3-45
🚃 JR北千住駅より徒歩5分
☎ 03-3888-3211
🕐 11:30〜 L.O.23:00
休 無休(臨時休あり)
席 カウンター5席・テーブル8席
P なし

Crown
Mayonnaise
Pickles
Onion
Tomato
Lettuce
Patty
Heel

Tokyo

THE BURGER MAP

「ベーコンエッグチーズバーガー」（1180円）。アメリカのモーニングプレートを思わせる、この店らしいポップなトッピング。粗く刻んだタマネギがポイント

蜂の巣
はちのす

おいしいハンバーガーと味わう、多彩なビールの数々

樽生ビール常時6種類、瓶ビール20種類の品揃えを誇るビアパブでありながら、おいしいハンバーガーを出す店として知られる。

選びに選び抜かれたフードメニューは、どれを頼んでもハズレのない精鋭揃いで、「牛肉のカルパッチョ」「オニオンリング」「水郷どりのレバーパテ」……と食べ進むうち、肝心のハンバーガーに辿り着けない危険性あり。どんなにつまみに興じても、ぜひとも締めはバーガーで。塩コショウをガツッと利かせたハンバーガーは、小ぶりながら味にメリハリがあり、パンチ・迫力ともに十分。

おいしい酒はおいしい料理で──フードとドリンクのバランスに優れた、近所に欲しい一軒。

↑6本のタワーが並ぶカウンター。生ビールのうち1種類はゲストビール。期間限定で国内外の稀少な銘柄が楽しめる

両面をグリルして、じっくりと甘みを出した「オニオンバーガー」(980円)は、出色のおいしさ。バルバールなどのエールタイプのビールと合わせたい

➡地元の商店街「サンロード」に面した、リラックスできる空気が心地よい。1杯だけ引っかけて帰る常連客も少なくない

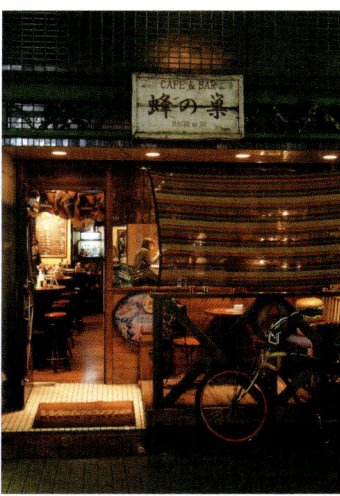

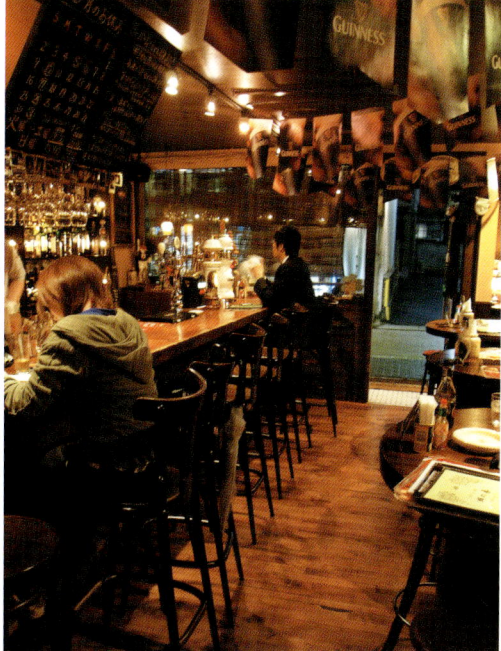

⬇からりと揚がった「シュリンプ＆チップス」(880円)。こうした「ちょっとしたつまみ」のおいしさは折り紙付き

パティ100グラム

喫煙OK

テイクアウト

Tokyo

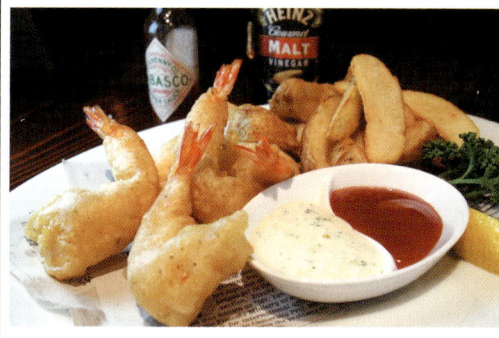

MENU

ハンバーガー 880円／ベーコンチーズバーガー 1100円／フィッシュ＆チップス 780円／オニオンリング 680円／鶏レバーパテ 730円／樽生ビール（6種）600円〜

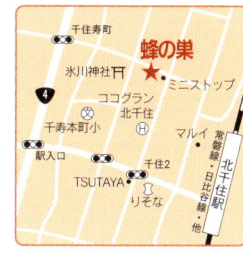

住 東京都足立区千住3-56
交 JR北千住駅より徒歩7分
TEL 03-3888-2690
営 17:00〜 L.O.翌1:00
日のみ13:00〜 L.O.21:00
休 月曜
席 カウンター10席・テーブル17席・テラス4席
P なし（近隣にコインPあり）
http://www.hachinosu.com

Crown
Mayonnaise
Patty
Pickles
Tomato
Lettuce
Mustard
Heel

Since 2003

パティ 110 グラム
喫煙 OK
テイクアウト
子供入店可
車イス可

レインボー キッチン

Rainbow kitchen

細やかなセンスに満ちた女性オーナーが作る家庭的なバーガー

　千駄木の団子坂にあるこの店には、居心地のよさを求めて人びとが集まってくる。「何を作っても私の味になるんです」という女性オーナーシェフ・坂口琴美さんの人柄をそのまま映したような、繊細なバーガーが特徴。
　国産牛パティの脂分は少なめで、おだやかで風味豊か。バンズはふんわりしっとりという感じではなく、サクサクしたデニッシュ風。バーガーに使うタルタル、チリ、サルサソースなどはすべて手作りで、季節の野菜を使ったバーガーには、女性のリピーターも多い。
　坂口さんは高校時代にアメリカ南部にあるテキサスに住んでいて、各地のハンバーガーを食べ歩いていた経歴を持つ。

←アメリカ南部を放浪していたときに訪ねたバーガーショップをイメージした店内。アンティークなサインボードや雑貨が飾られてアメリカンガレージのようだ

←ハンバーガーのほかにサイドメニューも充実している。「厚切りベーコンと季節野菜のキッシュ」（735円）のように、野菜を使ったメニューが多い

MENU
ハンバーガー 945円／サムライバーガー 1102円／ブロッコリーとブルーチーズのハンバーガー 1365円／ナチョス 840円／温野菜サラダ 840円／生ビール 630円

🏠 東京都文京区千駄木2-28-7 北川ビル1F
🚇 東京メトロ千代田線千駄木駅より徒歩すぐ
☎ 03-3822-5767
🕐 17:00～ L.O.23:00　土日祝11:30～21:00
休 月曜（祝日の場合は翌日休）
席 カウンター3席・テーブル22席
P なし（近隣にコインPあり）

Crown
Patty
Mayonnaise
Onion
Tomato
Lettuce
Mayonnaise
Heel

THE BURGER MAP　　Tokyo

ソテーされたシメジの上に濃厚なチェダーチーズがかけられた「しめじチーズバーガー」(1155円)。クルリと巻いたカーリーポテトが添えられる

Since 1996

パティ 90グラム
喫煙 OK
テイクアウト
子供入店可
車イス可

ワンズ ドライブ
One's Drive

大手チェーンと一線を画す、大人が集えるファストフード店

↑毎朝、国産のタマネギをみじん切りにして流水にさらしている。味のポイントになるタマネギはホットドッグにもたっぷりのせられる

「うちはグルメバーガーの店ではないんですよ。日常的に食べてほしいので値段も安くしています」と話すのは、オーナーの尾崎俊一さん。バーガーはどれも550円。1000円近いハンバーガーに比べるとサイズは小さめだが、価格以上の満足感がある。牛肉にタマネギやニンジンなどを加えた家庭的なパティの上には、国産タマネギのみじん切りとピリッと辛い特製ワンズソースがたっぷり。バターロール風に焼き上げた、ほのかに甘い特製バンズは、裏側をカリカリに焼いて仕上げる。

夜は雰囲気のいいダイナーとしてビール好きな人たちが集まり、アルコールを楽しみながらハンバーガーをほおばっている。

↑文京区向ヶ丘にて『One's BURGER』として親しまれていたが、2000年春に現在地へ移転。2007年春には新丸ビル店を開く

MENU
チーズバーガー 550円／ベーコンエッグバーガー 550円／アンチョビポテト 500円／クリスカットポテト 400円／生ビール（レーベンブロイ、バスペールエールほか）550円

🏠 東京都文京区白山1-20-15
🚇 都営地下鉄三田線白山駅より徒歩3分
☎ 03-5842-5888
🕐 11:00～ L.O.22:30
日祝11:00～ L.O.20:30
休 水曜
席 カウンター5席・テーブル29席・テラス4席
P なし（近隣にコインPあり）
http://www.onesdrive.com/

Crown
Lettuce
Tomato
Sauce
Onion
Patty
Heel

↑「フライドレバー」（420円）のほか、アンチョビポテト（500円）、クリスカットポテト（400円）など、サイドメニューのラインアップにオーナーのセンスが光る

Tokyo

THE BURGER MAP

特製ミートソースとサルサソースを絶妙にブレンドしたワンズソースと新鮮野菜たっぷりな「ワンズバーガー」(550円)を、ダブルパティ(+220円)で

Since 1996

パティ 110 グラム
昼のみ禁煙
テイクアウト
子供入店可

ファイヤー ハウス
FIRE HOUSE

味付けは塩コショウのみ。グルメバーガーの原点を感じさせる

　1996年にオープンして以来、この店で働いて独立する人も多い老舗のひとつ。高校からアメリカのオレゴン州に留学していたオーナーの吉田大門さんは「おいしいハンバーガーが食べたい」と、帰国後にハンバーガーを研究する。そして100年以上前の古材をアメリカから輸入して、西部劇に出てくるような店舗を開いた。

　アメリカのハンバーガーはパサパサのパティが特徴だが、吉田さんは赤身に和牛の脂をミックスして、肉汁があふれるパティを考案した。天然酵母を使ったバンズは、きめが細かくてもちもちした食感。塩コショウを強めに利かせた味付けの、ワイルドでシンプルなバーガーが味わえる。

MENU
ハンバーガー 998円／アップルバーガー 1313円／マッドバーガー 2100円／フライドチキン S 840円／チップス S 368円／生ビール 630円／カクテル 683円／シェイク 683円

🏠 東京都文京区本郷4-5-10
🚇 東京メトロ本郷三丁目より徒歩3分
☎ 03-3815-2422
🕐 11:00～23:30
📅 無休(年末年始は休業)
💺 カウンター5席・テーブル26席
🅿 なし
http://www.firehouse.co.jp/

↑サイドメニューの定番「チリ」(578円)は、ボウルに入ってたっぷり提供される

←↓表通りから一段下がった店内は、ウッディでアットホームな雰囲気。近所の学生、子ども連れの家族、お年寄りなど、訪れる年齢層も幅広い

↑7種類の調味料を使ってソテーしたマッシュルームの上に、モッツァレラチーズをかけた「モッツァレラマッシュルームバーガー」(1313円)。濃厚なマッシュルームの味をモッツァレラがまろやかに包み込む

↑店の外にはハンバーガー型のイスが並んでいる

Crown / Mayonnaise / Patty / Pickles / Onion / Tomato / Lettuce / Mustard / Heel

Tokyo

THE BURGER MAP　　　Tokyo

Since 2009

THE BEAT DINER

ザ ビート ダイナー

パティ 120グラム / 分煙 / テイクアウト / 子供入店可 / 車イス可

大手企業が勝負する、ビートの効いたアメリカンダイナー

『ベッカーズ』を運営するJR東日本フードビジネスが始めた本気のダイナー。店名の"BEAT"は「Bacon」「Egg」「Avocado」「Tomato」の頭文字から。素材が重なり合って熱いビートを奏でるイメージで、『ベッカーズ』で人気だったハンバーガーを、さらにグレードアップさせた。表面を香ばしく焼き上げた肉汁たっぷりのパティはオージービーフ100パーセント。それを支えるのが、特注の『峰屋』製バンズだ。国産小麦と酒種の配合により、ほどよくもっちり、コクのある味に仕上げた。ほんのり甘い、素朴なバンズが力強いバランスを作り出している。店はJR線のガード下。列車の音をBGMにしながら味わいたい。

MENU

ハンバーガー 800円／ホットチリバーガー 1100円／オーバーフローチーズバーガー 1200円／グリーンサラダ 420円／ジャーマンポテト 480円／生ビール（プレミアムモルツ）580円

↑専用のパンを使った「峰屋バンズのパングラタン」（580円）

↑JRのガード下に、レンガ造りをイメージさせる特徴的な外観。イラストレーター・佐々木悟郎氏の絵がダイナミックに描かれている

↑ベーコン、エッグ、アボカド、トマトの頭文字から名づけられた「ザ・ビートバーガー」（1400円）は、『峰屋』のバンズがなければ完成しなかったと思わせる味

🏠 東京都千代田区有楽町2-1-13
🚃 JR有楽町駅より徒歩3分
☎ 03-3580-7510
🕐 11:00〜 L.O.22:30
　 金11:00〜 L.O.翌1:30
　 日祝11:00〜 L.O.21:30
休 無休
席 カウンター6席・テーブル44席
P なし

Tokyo

Crown / Sauce / Patty / Onion / Tomato / Pickles / Lettuce / Mayonnaise / Heel

THE BURGER MAP

Since 2003

パティ 110 グラム
昼のみ禁煙
テイクアウト
子供入店可

アイコウシャ
I-Kousya

高いセンスと技術に裏打ちされた、都内屈指の実力店

「アイコウシャ（愛光舎）」とは、オーナー松橋さんの曾祖父が引き継いだ牛乳屋の屋号である。時は移り、扱う商品が牛乳から牛肉に替わっても、店はずっと今の場所にある。赤いギンガムチェックのテーブルクロス、ウッディでクラシカルな店内、オープンフェイスで出されるハンバーガーに、上品な印象を受けるかもしれないが、それは間違い。肉をこそ味わうために計算し尽くされたバーガーは、どれを食べても実に荒々しくワイルドで、パンチの効いた味わい。主役は肉！　とばかり、香ばしいグリルの匂いと肉々しさに満ちている。バランスを考えると、パティは150グラムのラージがおすすめ。

付け合わせのポテトチップスライスしている自家製

↑格子柄のテーブルクロスがアクセントとなった店内。店は水道橋駅からわずか3分。東京ドームにも近く、プロ野球観戦の前に立ち寄っていく客も多い

MENU

ハンバーガー R 892円／ベーコンチーズバーガー R 1154円／ブルーチーズバーガー R 1522円／生ビール（ハイネケン）525円／コーヒー 346円

- 東京都千代田区三崎町1-4-8
- JR中央総武線水道橋駅より徒歩3分
- 03-3291-4102
- 11:30～15:00／17:00～21:00　土11:30～・18:00
- 日曜・祝日
- カウンター5席・テーブル16席
- なし

↑「チリ＆フライドポテト」（682円）。しっかり効かせた塩味に迷わずビールを頼みたくなるサイドメニューだ

Crown / Tomato / Onion / Mayonnaise / Lettuce / Patty / Heel

Tokyo

THE BURGER MAP

「バーベキューバーガー L」(1364円)。王道を行く自家製BBQソースは甘くとも軽さなし。ピーマンの苦みがズシリと濃厚なソースの甘みをより一層引き立てる

BROZERS'

ブラザーズ

下町の老舗が打ち立てた、ロットバーガーという名の金字塔

　下町情緒漂う日本橋人形町にあって、一際目立つ真っ赤な店構え。それまでの専門店において、メニュー構成の半分を占めていたサンドイッチを一切扱わず、バーガーのみに特化した先駆的存在だ。

　『ブラザーズ』と言えばバーベキューソース。そして名物「ロットバーガー」。ソース、マヨネーズ、ガッツリかかった黒コショウと、どれも濃い味の集合体であるのに、見事なバランスコントロールがされていて、1個のハンバーガーとして完璧な調和をなしている。美しく高く積み上げられたその見た目——豪快で派手やか、エンターテイメントな、「絵になる」バーガーを生み出した、まさしくハンバーガー界の金字塔だ。

真っ赤な壁に掛かるポスターのテーマは「兄弟」。オーナー北浦さんは海外生活が長い。22歳でオーストラリアへ渡り、ハンバーガー修業に入った

↑ケチャップとマスタードが派手派手な「ホットドッグ」(600円)。他にもシェイクやブラウニーなど、アメリカンな雰囲気のメニューが多数

MENU
ハンバーガー 1000円／アボカドチーズバーガー 1300円／フライドチキン 580円／ブラウニー（アイス付）580円／
※デリバリーは各ハンバーガー200円増

🏠 東京都中央区日本橋人形町2-28-5
🚇 東京メトロ日比谷線・都営地下鉄浅草線人形町駅より徒歩3分
☎ 03-3639-5201
　デリバリー：03-3639-5209
　テイクアウト：03-3639-5207
🕐 11:00〜 L.O.21:30
　日祝11:00〜 L.O.19:30
🚫 不定休　🍴 カウンター5席・テーブル24席　🅿 なし
http://www.brozers.co.jp/

「ロットバーガー」(1500円)。背高なバーガーの土台を成す、レタスの丁寧な折り方もポイント。ソースはBBQ、スイートチリほか全4種。どれも捨てがたい

Since 2006

パティ110グラム
昼のみ禁煙
デリバリー
テイクアウト

オーセンティック
Authentic

名店の味を源流に持つ、食べやすさを追求したバーガー

本郷の『FIRE HOUSE』でマネージャーを務めた佐藤健さんの店。店名はジャマイカの音楽「スカ」の源流である「オーセンティック・スカ」より。大の音楽好きであるオーナーは、「フジロック」の熱狂的ファン。開催時期には毎年必ず連休をとる。
「バンズ、パティ、具がひとくちで口に入る」ことを掲げるバーガーは、ふっかりソフトなバンズと、軽くほぐれるパティのやわらかさが絶妙の取り合わせ。食感のバランスが実に巧みだ。ケチャップとマヨネーズを合わせたオーロラソースに、マヨネーズで和えたタマネギとレリッシュ、ヒールに塗ったマスタードと、3つの酸味が織り成す「酸味一体」のおいしさが人気。

MENU
ハンバーガー 950円／ピーチーズバーガー 1200円／チキンナゲット6P 400円／ベイクドチーズケーキ 500円／生ビール（ハートランド）650円／ガソリン（スペシャルカクテル）800円

🏠 東京都港区赤坂2-18-19-101
🚇 東京メトロ千代田線赤坂駅より徒歩6分
☎ 03-3505-8584
🕐 11:00～ L.O.22:00
土日祝11:30～ L.O.20:00
休 無休（夏季短期、年末年始休業）
席 カウンター3席・テーブル20席
P なし

↑石や鉄など、ジャマイカンのイメージをコンセプトにした店内

←「フライドチキン」（1本260円）は、生ビール「ハートランド」と合わせたい。ポイントカードの特典としても大人気

↑赤坂・六本木のオフィス街やアメリカ大使館の宿舎も近く、外国人客も多い。壁に据えられたテレビモニターでは過去のフジロック映像が流れることもしばしば

↓店は路地裏にある。うっかり見過ごさないように気を付けて

Tokyo

Crown / Sauce / Patty / Onion / Pickles / Mayonnaise / Tomato / Lettuce / Mustard / Heel

26 THE BURGER MAP .... Tokyo

ブロッコリーの歯応えがポクッと心地よい、「ブロッコリーチーズバーガー」(1270円)。チーズのモントレージャックは味わいに広がりを与える隠し味的な役割

Since 2009

ドギーズ ダイナー
Doggy's Diner

老舗フレンチ譲りのデミグラスソースを擁するホットドッグ専門店

国内では珍しいホットドッグ専門店。外国人が多く住む街・代々木上原に生まれ、アメリカ人の友だちと遊ぶうちに大のアメリカ好きに育ったオーナー吉池孝一さんが、『代官山 小川軒』で料理を学んだ親友シェフと起ちあげた。完成までに1カ月以上を要する伝家の宝刀・デミグラスソースをはじめ、ステーキやシチュー、魚の香草焼きなど洋食メニューも多数。バンズは『峰屋』製。ハンバーガーにもドッグパンの生地を使っており、かぶりつくと皮が歯の下でパリパリと音を立てて弾け散る。パティはランチを除き炭火焼き。ブロック肉を刻んで作る自家製で、コリコリした食感が独特。洋食的な品の良さの中にも、しっかりと肉の醍醐味が味わえる。

MENU

チリバーガー 1200円／てりやきバーガー 1000円／フィッシュ＆チップス 580円／チリチーズポテト 750円／ナチョチーズ 950円／コロナ 600円／ブルックリンラガー 750円

↓ゆったりとした2階席。サーモンピンクに塗った店内に、夜はAORやスムースジャズが流れる

↑「200円台のドッグが作りたかった」という吉池オーナーの心意気が表れた、「プレーンドッグ」(290円)。彩りも鮮やかだ

住 東京都港区北青山1-5-15
交 東京メトロ青山一丁目駅より徒歩5分
℡ 03-3405-7009
営 11:30～23:00
休 不定休
席 テーブル54席・テラス12席
P なし
http://doggysdiner.jp

「DDバーガー」(1100円)。『峰屋』バンズと自家製パティのしっかりした食感に、デミソースの必殺の旨み。はじめはパンと肉だけで、途中から野菜を挟んで違いを楽しみたい

E·A·T

イーエーティー

一流フレンチシェフの技術とアイデアが凝縮した神戸牛バーガー

ロサンゼルス帰りの凄腕フレンチシェフが、神戸牛を扱う『山晃食品』と共同で始めたアメリカンダイニング。

オーナーシェフのMICHI氏は在米24年、『ロサンゼルスマガジン』誌上の"TOP10シェフ"に2度選出され、ハリウッドのセレブたちにも絶賛されていた。「東京に戻ってみると、外国人向けのハンバーガーやサンドイッチの店が少ないんですよ。彼らが喜ぶものを提供する自信はあります」と、シェフは言う。神戸牛の名前に目を奪われがちだが、むしろ一流シェフの手によるアメリカ料理の数々が手ごろな価格で楽しめる、肩も値も張らない気軽なダイニングというのがこの店の本当の魅力である。

- 東京都港区北青山2-12-27 ハレクラニ北青山1F
- 東京メトロ銀座線外苑前より徒歩3分
- 03-6459-2432
- 11:30〜15:30／18:00〜22:30 日は11:30〜16:00のみ
- 無休 カウンター7席・テーブル6席 なし

パティ110グラム
昼のみ禁煙
デリバリー
テイクアウト
子供入店可

スモークフレーバーを効かせた「神戸バーガー」(ダブル1400円)は、黒毛和牛と神戸牛の粗挽きに牛脂をミックス。右手前はトッピングの「ワカモレ」(150円)

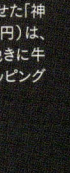

→「B・L・T・A・Eサンドイッチ」(1000円)は、ベーコン、レタス、トマト、アボカド、エッグ入りでボリューム満点

←"腹八分目"を意識したバーガーは全体で450グラムになるよう気を遣っている。国産小麦を使ったバンズは、軽井沢の『ブランジェ浅野屋』製

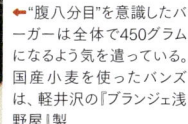

↑コンクリートの壁には、MICHI氏のロサンゼルス時代の記事が飾られている。生のメークインで作るフレンチフライも絶品

MENU

神戸バーガー 1000円／ケージャンラムバーガーとローストパプリカ 1000円／シーザーサラダ ハーフ400円 フル700円／生のイモで作るフレンチフライ M350円 L600円

Tokyo

Crown
Sauce
Patty
Tomato
Lettuce
Mustard
Heel

THE BURGER MAP

Suji's

スージーズ

アメリカ人のためのアットホームな空間でハンバーガーを

　麻布台周辺の外国人が集うN.Y.スタイルのレストラン。かつてN.Y.で暮らしていた韓国人女性オーナーのSujiさんは、現地で韓国料理店に足を運んだものの、何か物足りない。「私が望んでいたものは、キムチやご飯だけでなく、母や家族が作ってくれた料理の温もりだったのかもしれない」と気づき、「アジアに住むアメリカ人のための家庭料理」をコンセプトにオープンさせた。

　ハンバーガーは1種類のみ。USビーフ100パーセントのパティに、好みでトッピングが追加できる。バンズの表面はパリッとして、中はしっとり。肉の旨みをしっかり味わってほしいと、ケチャップ、マスタード、マヨネーズは使わないのがポリシーだ。

↓以前は種類が豊富だったハンバーガーも、ホテルに25年勤めたアメリカ人シェフがシンプルなメニュー構成に改良。炭火焼きのパティをストレートに味わえる

←アメリカで人気の「チリチーズナチョス」（900円）。パリパリのトルティーヤチップに、ピリ辛のビーフチリとチェダーチーズがトッピングされる

MENU

アメリカンバーガー 1400円／キッズバーガー 940円／クラブハウスサンドイッチ 1365円／カントリースタイルパンケーキ 1700円

↑アットホームでリラックスできる雰囲気は、周辺の店と一線を画す。1号店がソウルにあり、六本木は2号店

- 住 東京都港区麻布台3-1-5
- 交 東京メトロ六本木駅より徒歩7分
- 電 03-3505-4490
- 営 11:00～16:00／18:00～ L.O.21:50 土日祝9:00～16:00／18:00～ L.O.20:50
- 休 無休／カウンター5席・テーブル52席・テラス20席
- P なし
- http://www.sujis.net/

「アメリカンバーガー」（1400円）にベーコンとブルーチーズをトッピング。炭火で焼いた牛肩ロースに合わせるのは、酒種の天然酵母を使用したオリジナルバンズ

Since 2008

バーガー マニア
Burger Mania

地域密着型で、カフェのようにくつろげる人気バーガー店

オーナーシェフの守口駿介さんが次々に生み出すオリジナルバーガーが評判の店。北里研究所病院の前にある店は、いずれの最寄り駅からも10分以上歩く立地ながら、わざわざ訪れる人が後を絶たない。守口さんは本郷の『FIRE HOUSE』、原宿の『THE GREAT BURGER』で働いた経歴の持ち主で、元気と若さを兼ね備えた実力派。パティは香りと後味がいい国産牛100パーセント。和牛肩ロース・内モモ肉・牛脂を混ぜ合わせ、店内で粗いミンチにして肉の食感を残している。外側をしっかり焼いて、中心は肉汁たっぷり。甘くてもっちりした『峰屋』の酒種バンズを焦げ目が付くまでカリッと焼いて提供する。

←手際よく調理するスタッフ。テイクアウトの注文が次々に入るので忙しい。縦長の店舗の真ん中にキッチンを据え、その奥に落ち着いた間接照明のテーブル席が広がる

↑入口の横にはテラス席が用意されている。ペット同伴可で、「コーヒーだけでもOK」と、気軽に入れる雰囲気がうれしい

MENU
ハンバーガー 950円／ウルティメットブルーチーズバーガー 1300円／オニオンリング 650円／フレッシュガーデンサラダ 700円／自家製レモネード 550円

← 季節ごとの野菜の旨みを引き出した「色々野菜のグリル」(900円)は、たっぷりのオリーブオイルと塩でシンプルに味付け

Burger Mania

- 住 東京都港区白金6-5-7
- 交 東京メトロ南北線・都営地下鉄三田線白金高輪駅より徒歩10分
- 電 03-3442-2200
- 営 11:30〜 L.O.22:30
- 休 第3月曜
- 席 カウンター2席・テーブル27席・テラス4席
- P なし

http://www.burger-mania.com/

よくあるパイナップルではなく、マンゴーの甘みと酸味がパティの塩気と絶妙にマッチした「マンゴーバーガー」(1100円)は、女性や子どもにも人気

Since 2005

パティ180グラム
分煙
子供入店可
車イス可

C4U
シーフォーユー

レインボーブリッジを眺めながら堪能する淡路牛バーガー

　遊び心のあるハンバーガーを出すのが『ホテル インターコンチネンタル 東京ベイ』にあるこの店。バーガーはトマト、タマネギ、レタスだけのベーシックな「My Favorite Burger」のみ。自由にカスタマイズできるのが特徴で、パティは100グラムから500グラムまで選択可能。バンズはプレーン、グラハム、コーン、ベーグルの4種類から選べ、さらに4種のサイドディッシュ、各種トッピングを好みで追加できる。

　自家製バンズは目が細かく、ウェットに張った感じの皮でやや硬め。パティは淡路島産の黒毛和牛を使い、高温のグリルで表面を一気に焼き上げるので、食べたときに肉汁が口の中いっぱいに広がる。

MENU
My Favorite Burger 1733円～／シーザーサラダ 1386円／ニューヨークチーズケーキ 809円／マンゴーキウイシェイク 1040円／生ビール（アサヒスーパードライ）1051円

→サイドメニューが充実しているのはホテルならでは。「クラムチャウダー」（924円）のほか、スペイン産生ハムやソフトシェルクラブなどもおすすめ

↑窓からレインボーブリッジが眺められる開放感のある明るい店内。写真右上の高い部分にU字型のソファ席がある

🏠 東京都港区海岸1-16-2 ホテル インターコンチネンタル 東京ベイ 3F
🚉 ゆりかもめ竹芝駅より徒歩すぐ
☎ 03-5404-2246
🕐 11:30～14:30／17:00～22:00 土11:30～22:00
🚫 日曜・祝日　カウンター20席・テーブル43席
🅿 330台（ホテルの有料P）
http://www.interconti-tokyo.com/rs_c4u.html

↓グリルでパティの脂を落としてから、オーブンで加熱

↑「My Favorite Burger」（パティ180グラム。2541円）に、ベーコンとチーズをトッピング（289円）。サイドディッシュを「フライドポテト」「マッシュポテト」「ベイクドポテト」「ポテトグラタン」から選べるのもうれしい

Crown / Tomato / Onion / Patty / Lettuce / Heel

Tokyo

Since 2006

マンチズ バーガー
MUNCH'S BURGER

あらゆる無駄を削ぎ落とした、研ぎ澄まされた味

パティ 105 グラム

テイクアウト

子供入店可

昼時の食事処が欠乏するオフィス街の救世主。『ネオ屋台村』に加盟し、週4日は千代田区をはじめ、都内オフィス街で、週末はJリーグの公式戦や野外イベントなどで営業している。移動販売という限られた条件の下、グルメバーガーのクオリティをファストフード並みの早さで提供することに成功し、どんなに行列ができても、注文からきっちり3分の早業で焼きたてのハンバーガーを次々と手渡してゆく。

持ち帰り時間を計算した硬めのバンズ、薄くともしっかり噛み応えのあるパティ、そしてはっきり明快な味付けで、屋台前には、週に一度しか現れないオレンジ色の車を心待ちにする常連客の姿が絶えない。

↑「ベーコンチーズバーガートマトトッピング」(800円)。包丁でチョップしたパティの食感を中心に、自家製ベーコンの旨みと濃厚でコクのあるチーズが絡む

↑カラフルな車が数多い屋台村の中でも、一際目を引くサンオレンジ色のボディ。2010年中には都内に固定店舗を出したいと、物件を探している

MENU
チェダーチーズバーガー 600円／ダブルチーズバーガー 900円／ランチ限定ポテトセット ＋150円／ランチ限定シーザーサラダセット ＋150円

🏠 移動店舗のため、下記参照。出店場所は変更する場合があるので詳細はHP(http://www.munchs.jp/)を要確認
☎ 080-5425-9141
🕒 ◎平日…11:30～14:00　　※詳細は『ネオ屋台村』HPへ
　　月：日比谷パティオ村
　　水：田町徳栄ビル村
　　木：東京国際フォーラム村
　　金：麹町31MTビル村
◎土日…各種イベント会場にて(埼玉スタジアム、NACK5スタジアム、六本木ヒルズ、音楽フェス、フリーマーケットなど)

Tokyo

Crown
Mayonnaise
Onion
Pickles
Lettuce
Tomato
Sauce
Patty
Mustard
Heel

THE BURGER MAP

Since 1990

パティ 110 グラム
分煙
デリバリー
テイクアウト
子供入店可
車イス可

ナナゼロニーゴー フランクリン アベニュー

7025 Franklin Ave.

日本のハンバーガーレストランの「父」なる店

高級住宅地・島津山の入り口で20年続く老舗にして、日本のハンバーガーレストランの草分け。オーナーシェフ松本幸三さんは今も厨房に立ち続ける。諸外国の大使館員向けに建てられた住宅を改装した店舗は、緑豊かな中庭や暖炉などを有し、フレンチレストランとしても十分通用する凛とした店構えであるのに、出てくるのはハンバーガーという、この意外性。周囲を気にせず、素手で掴んで豪快にかぶりつきたい。ガス火のグリルで焼かれ香ばしい匂いを放つパティは、ソフトなバンズとともにスッと胃の腑に落ちてゆくライトな食べやすさ。後味さっぱり。このスッキリとした食べやすさこそが多年に渡り愛され続ける理由と確信する。

🏠 東京都品川区東五反田3-15-18
🚃 JR・東急池上線五反田駅より徒歩7分
📞 03-3441-5028
🕐 11:00〜 L.O.21:00
　 日11:00〜 L.O.18:00
　 無休
💺 カウンター7席・テーブル42席・テラス16席
🅿 なし

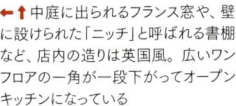

← ↑ 中庭に出られるフランス窓や、壁に設けられた「ニッチ」と呼ばれる書棚など、店内の造りは英国風。広いワンフロアの一角が一段下がってオープンキッチンになっている

MENU

バーガー 1000円	ゴールデンソテードオニオンバーガー 1200円
コールスロー 300円	フライドポテト 350円
オニオンリング 350円	コーヒー 550円
ビール 750円	

← 「このスープがメニューにあることが店のステータス」という自慢の一品、「オニオングラタン」(＋100円)

Crown
Pickles
Tomato
Onion
Lettuce
Patty
Heel

Tokyo

38　THE BURGER MAP　　　　　　　　　　　　　　　　　　　　Tokyo

「マッシュルームバーガー」(1200円)。
赤ワインでソテーしたホワイトマッシュと
スイスチーズの食欲そそる芳香。野菜
は3分の2ほどを挟むのがおすすめ

Since 2008

パティ100グラム
喫煙OK
子供入店可

トラスト サルーン
TRUST SALOON

ショットバーで楽しむ、酒とバーガーの夜

　大井町の町はずれにぽつんと佇む、アメリカンなショットバー。オーナー中山さんはハーレー乗り。「ハーレーとダッチオーブン」なる会に所属し、鉄鍋片手に専門誌の表紙を飾ったこともある。

　テキーラを筆頭に酒類の品揃えが豊富で、店に行くたび入荷したてのレア物と出会える。ハンバーガーはパティもバンズも自家製。鋳鉄製のフライパン「スキレット」でグリルする赤身中心のパティは、ビーフ独特の"クサミ"を生かし、ジャンクな魅力全開だ。牛乳を使って作る自家製バンズの重たい生地で挟みこめば、噛むほどに滋味深く、小ぶりでも満足度大。BGMはめくるめく往年のハードロック、ヘヴィメタル。

←ライティングが夜のワクワク感を演出するカウンター。熱々のおしぼりを手に、今夜はどう攻めるか、まずは作戦タイム

「バッファローウィング」(700円)は容赦のない辛さが人気。ヒスイ色の皿はアメリカのアンティーク食器、ファイヤーキング

MENU
ハンバーガー 1000円／ガーリックバーガー 1100円／チーズバーガー 1100円／チリビーンズ 500円／ローストチキン 2500円／サリトステキーラビール 800円

🏠 東京都品川区大井4-10-7 アルテール大井 1F
🚃 JR・東急大井町線大井町駅より徒歩5分
☎ 03-5742-3302
🕐 18:00～翌2:00 日14:00～24:00
休 月曜
席 カウンター5席・テーブル8席
P なし
http://www.trust-saloon.com

↑パティとバンズは鋳鉄製のフライパン「スキレット」を使って調理。1度に2つしか焼けないので、あわてず待つこと

Tokyo

Crown
Sauce
Tomato
Lettuce
ketchup
Mustard
Patty
Onion
Heel

千葉県富里で農家が放し飼いする鶏の卵を使った「エッグバーガー」(1100円。富里産品切れの場合あり)。卵自身に味があり、流れ出る黄身の甘さは絶品

Since 2009

パティ100グラム
昼のみ禁煙
テイクアウト
子供入店可
車イス可

グリル バーガー クラブ ササ

GRILL BURGER CLUB SASA

フランスのビストロをイメージした、カジュアルレストラン

「代官山の表通りではなく、路地の行き止まりにあるので、ゆっくりくつろいでもらえます」と話すのは、オーナーシェフの佐々岡聖さん。店を出す前にアメリカへ3週間出かけ、ハンバーガーを1日3食以上食べ歩いて研究を重ねた。毎日手ごねで作る国産牛100パーセントのパティは、レギュラー100グラムのほか、80グラムと125グラムが選べる。バンズは『峰屋』製で、全粒粉と酒種の天然酵母を合わせ、香ばしさの中にもほのかな甘みを感じさせる焼き上がり。味の決め手となっているのが、オーブンでじっくり飴色になるまで加熱したグリルドオニオン。また、『SASA』の特徴がよくわかる「チーズバーガー」など、ベーシックなメニューもおすすめる。

MENU

ハンバーガー 1000円／ベーコンチーズバーガー 1250円／ブルファイトバーガー 2400円／ホットドッグ 550円／スモークサーモンのマリネ 550円／ジンジャーハイボール 450円

Tokyo

↑エノキ・しめじ・マッシュルームをソテーして、ゴーダチーズを上から溶かしかけた「グリルマッシュルームバーガー」(1350円)は定番の人気メニュー

Crown
Onion
Patty
Pickles
Tomato
Lettuce
Mustard
Heel

★GRILL BURGER CLUB SASA

🏠 東京都渋谷区恵比寿西2-21-15 代官山ポケットパーク1F
🚇 東急東横線代官山駅より徒歩すぐ
📞 03-3770-1951
🕙 11:00〜 L.O.22:30
🚫 無休(年末年始は休業)
🪑 カウンター6席・テーブル32席・テラス4席
🅿 なし
http://www.hijiriya.co.jp/

↑店内は広々としていて開放的。右側にはカウンターキッチンがある
←アボカド、トマト、玉子を和えた「3色サラダ」(550円)

THE BURGER MAP

GOTHAM GRILL

ゴッサム グリル

Since 2009

パティ 225 グラム

分煙

テイクアウト

子供入店可

車イス可

ニューヨークスタイルの炭火焼きで、直球勝負の肉を味わう

東京を代表するブーランジェリー『VIRON』の姉妹店である本格ステーキハウス。肉のおいしさがダイレクトに味わえる、炭火グリルのニューヨークスタイルが特徴だ。もちろんハンバーガーも炭火焼きで、オージービーフ100パーセントのパティは肩肉・モモ肉・スジの脂身の少ない部位を合わせ、毎日挽いている。臭みがなく、甘く丸い味わいで上品な肉質だが、スジの歯応えがアクセントになっている。『VIRON』のバンズは肉を中心に押し立てるべく脇役に徹し、シンプルに肉の味で勝負している。

ごつごつワイルドにではなく、すっきりスマートに仕上げた、洗練された味わいのバーガーだ。

MENU
アメリカンクラシックバーガー 1260円／ゴッサムバーガー 1260円／フレンチフライ 525円／マンハッタン クラムチャウダー 840円／ニューヨークチーズケーキ 735円

- 住 東京都渋谷区東3-16-10 J-Park恵比寿3 ALTIMA 1F
- 交 JR恵比寿駅より徒歩7分
- 電 03-5447-0536
- 営 11:30～ L.O.14:30／18:00～ L.O.22:30
- 休 無休(年末年始は休業)
- 席 カウンター4席・テーブル40席
- P なし

↑炭火グリルで調理する様子をじっくり見られる。バーガーの焼き加減はミディアムレアがおすすめ

←具だくさんの「コブサラダ」(1050円)はボリュームがあるので、メインのバーガーといっしょに野菜をたっぷり摂りたい人に

↓店名の「GOTHAM」はニューヨーク市の別名

↓パティ225グラムの「ハンバーガー」(1260円)は、レタス、トマト、タマネギ、ピクルスが基本。まずは塩コショウと少量のナツメグのみの風味を味わい、その後、添えられた自家製ケチャップとフランス産マスタードをお好みで

Tokyo

Crown
Onion
Tomato
Lettuce
Patty
Heel

THE BURGER MAP

43

Since 1985

ホームワークス

Homework's

家庭的な温かさを感じられる、老舗ならではの匠の味

　1985年にオープンした日本初のハンバーガーレストラン。オージービーフやニュージーランドビーフを使ったパティは、レギュラーで150グラム。ポテトなどの付け合わせはなし、代わりにクレソンが添えられている。添加物・防腐剤・イーストフードを使わないバンズはホワイトとグラハムがあり、柔らかな手触りできめ細かく、肉汁をしっかり受け止める。

　ソース類はすべて自家製で、トマト下のタルタルソースが決め手。内容にまったくムダのない、この「基本に忠実」なバーガーが、日本のグルメバーガーの原点なのだ。「シンプル・イズ・ベスト」を忠実に守っていることがよくわかる。

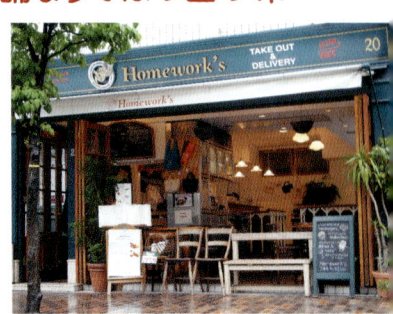

シンプルな「チーズバーガー」（1400円）。チーズは、香りが強くクセのあるスイス、クセなくクリーミーなモントレージャック、クセのないチェダーから選べる

→ オープン当時に特注して作ったグリルでパティを香ばしく焼き上げる。注文の4割はデリバリーが占めているという人気店

パティ150グラム
禁煙
デリバリー
テイクアウト
子供入店可

↑ ターキーブレスト（胸肉のハム）とチェダーチーズがトッピングされた「ターキーサラダ」（600円）は、さわやかな味わい

MENU

ハンバーガー 1200円／ポリネシアンバーガー 1300円／ディープフォレストバーガー 1300円／フレンチフライ M 200円／オーガニックコーヒー 600円／生ビール 600円

- 🏠 東京都渋谷区広尾5-1-20
- 🚇 東京メトロ日比谷線広尾駅より徒歩3分
- ☎ 03-3444-4560
- 🕐 11:00～ L.O.21:00 日祝11:00～ L.O.18:00
- 無休
- カウンター7席・テーブル24席・テラス2席
- Ⓟ なし
- http://www.homeworks-1.com/

Tokyo

Crown
Pickles
Tomato
Sauce
Onion
Lettuce
Patty
Heel

THE BURGER MAP

Since 2008

レッグ オン ダイナー
Reg-On Diner

日本が世界に誇る、ハンバーガーの美しき立ち姿

MENU
ハンバーガー 800円／オニオンリング 400円／チーズドッグ 600円／生ビール（ハートランド）550円／ルートビア 450円／ロングボードアイランドラガー 750円

- 東京都渋谷区東1-8-1
- JR渋谷駅より徒歩15分
- 03-3498-5488
- 11:00〜 L.O.21:30　日祝11:00〜 L.O.19:30
- 火曜
- テーブル17席
- なし（近隣にコインPあり）
- http://www.regondiner.com/

↓店内はレアでポップなアメリカン雑貨がいっぱい。見ているだけでも楽しいが、値札の付いているものは購入することもできる

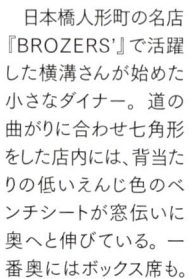

日本橋人形町の名店『BROZERS'』で活躍した横溝さんが始めた小さなダイナー。道の曲がりに合わせ七角形をした店内には、背当たりの低いえんじ色のベンチシートが窓伝いに奥へと伸びている。一番奥にはボックス席も。オーナーの趣味である『クアーズ』のサインボードなど、マニアックな雑貨に彩られ、小さいながらも町場のダイナーの雰囲気満点。ホールに向いて設置されたガラス張りのグリドルでは、横溝さんが『BROZERS'』で磨き上げた几帳面で丁寧な腕前を披露、すっくと美しい立ち姿のハンバーガーを次々と作り上げる。店名は、横溝さんが憧れの地と仰ぐアメリカ某州の州名を言葉遊びしたもの。

←「チリビーンズチーズフライ」（600円）。ビールのつまみに最適。ビールは樽生の他に瓶ビール7種類と、狭い店ながらも充実

パティ 110グラム
昼のみ禁煙
テイクアウト
子供入店可
車イス可

Crown / Sauce / Patty / Onion / Tomato / Lettuce / Mayonnaise / Heel

Tokyo

THE BURGER MAP　　　Tokyo
46

横溝さんイチ押しの「A.B.Cバーガー」(1250円)。ねっとり熟したアボカド「A」、塩気の立ったベーコン「B」、よく粘るチーズ「C」。彩りも美しい一品

Since 2007

ザ グレート バーガー

THE GREAT BURGER

原宿の路地にたたずむ、"偉大なる"ハンバーガーショップ

オーナーシェフの車田篤さんは、24歳のときに原宿でカフェ『*ease』をオープン。そこで提供したハンバーガーが評判を呼び、2007年にハンバーガー専門店を立ち上げることになった。

車田さん自身が試行錯誤しながらパンを焼き、半年以上かけてバンズのレシピを完成させた。天然酵母を使ったバンズは、もっちりしていて口どけよく、焦げ茶色の表面は高級感がある。パティは小指の先ほどの極粗挽きにした外モモ肉と和牛の牛脂を7対3の割合でブレンドし、ジューシーかつしっかりとした食感を表現。グリルしたパプリカの甘みが引きたつ「モッツァレラパプリカバーガー」(1250円) も隠れた人気バーガーだ。

➡ アメリカの田舎町のレストランをイメージして、木材をアンティーク調にするためオーナーやスタッフがキズを付けて、ワックスを塗り込んだ

➡ 運がよければ、散歩途中に立ち寄るオーナーの愛犬「おもち」に会えるかも？もう一匹の「コロ助」も人気者

MENU
ハンバーガー 950円／ベーコンチーズバーガー 1250円／ヒッコリーバーガー 1050円／キッズバーガー 650円／ビール衣のオニオンリング 700円／GBコブサラダ 1200円

🏠 東京都渋谷区神宮前6-12-7 J-Cube A 1F
🚇 東京メトロ千代田線 明治神宮前駅より徒歩5分
☎ 03-3406-1215
🕚 11:30〜 L.O.22:30
休 無休
席 カウンター4席・テーブル29席
P なし
http://www.the-great-burger.com/

➡ サワークリームの酸味とピリ辛のチリソースで味わう「フレンチフライ」(600円) は絶品！

パティ 110グラム
喫煙OK
デリバリー
テイクアウト
子供入店可
車イス可

Crown
Mayonnaise
Mustard
Patty
Pickles
Onion
Tomato
Lettuce
Heel

Tokyo

THE BURGER MAP   Tokyo

48

ブルーチーズ好きにはたまらない「ゴルゴンゾーラバーガー」(1150円)。マスタードやマヨネーズ、レリッシュの酸味が、タマネギと一体化して味わい深い

Since 2005

ゴローズ☆ダイナー
GORO'S ☆ DINER

パティ110グラム
昼のみ禁煙
デリバリー
テイクアウト
子供入店可
車イス可

卓抜した技術が光る、外苑前の小さな名店

通称「キラー通り」から一本入った裏通りにある7坪ほどの小店ながら、卓抜した技術により東京のハンバーガーを一歩も二歩も進化させた実力店。オーナー吉澤清太さんは鶏料理専門店で塩振りを学び、当時一世を風靡した人気デリでシェフを務めるなど、飲食業の経験が多彩だ。三宿『FUNGO』で培ったサンドイッチ的技術に基づくバーガーは、『峰屋』製のクラシカルな天然酵母バンズが持つ懐深い味わいをベースに、卵不使用のタルタルソース、細やかなスパイス使い、美しい積みが特徴。バーガーによって使うソースや重ね順が異なるため、頼んだメニュー次第でまるで味が変わる。一度に何個も食べるわけにいかず、客泣かせ。

MENU

プレーンバーガー 1050円／ベーコンチーズバーガー 1300円／マリアッチバーガー 1200円／ガンボスープ 550円／生ビール（レーベンブロイ）600円

↑仕上げに、バーナーを使ってチーズをメルト

↑夜のテラス席はまた格別の雰囲気。メニューはハンバーガーとサンドイッチが半々。『峰屋』のパンで作るサンドイッチも捨てがたく、ファンが多い

←今春から始めた「タコス」（1ピース380円）。タコスと同じ食材でバーガーを作った「マリアッチバーガー」（1200円）も人気

🏠 東京都渋谷区神宮前3-41-2 岡本ビル1F
🚇 東京メトロ外苑前駅より徒歩5分
☎ 03-3403-9033
🕐 11:30～ L.O.21:30
　日祝11:30～ L.O.17:30
🗓 月曜（祝日の場合は翌日休）
🪑 テーブル12席・テラス2席
🅿 なし（近隣にコインPあり）
　http://www.gorosdiner.com

Tokyo

Crown
Mayonnaise
Patty
Onion
Tomato
Lettuce
Sauce
Heel

THE BURGER MAP

米国南部の煮込み料理をアレンジした「ガンボバーガー」(1300円)。7種類の野菜に20種類近くのスパイスが加わって、体が芯から温まるホットな味わい

Since 2004

バー シャンクス
Bar Shanks

上質なバーにあるハンバーガーは、燻製の香りを身にまとう

「ほかと違うのは、なんといっても燻製したバンズ」とは、オーナーの芳賀雅紀さん。ハンバーガー専門店からの評価も高い、今もっとも注目されている新進気鋭のバーガーである。注目はヒッコリーチップで軽く燻製した『峰屋』のバンズ。さらにバーらしい仕上げとして、志賀高原の生ビールをバンズとパティにひと吹きする。ビールサーバーから出るロス分を活用しているのだ。オージービーフ100パーセントのパティは、赤身に牛脂を1割混ぜ、ややスパイシーな味付けだ。バーガーにかぶりつくと、真っ先にスモークの香りを感じる。食べ終えても手に燻製の香りが残って幸せな気分に。燻製バンズとパティをシンプルに味わうには、「スモーキーチーズバーガー」がおすすめ。

↑「スモーキーポテトサラダ」（500円）。アルコールに合うつまみにも、燻製の香りが漂う。ブラックペッパーが味を引き締めている

↑キューバ産の葉巻が常時20種類ほど楽しめる。ビールやウイスキーなど、アルコールも300種類以上を用意

←店名の「Shanks」は船の錨の意。帰宅途中にカウンターに腰掛けて、この店でシガーの味を覚える人も多い

MENU
スモーキーチーズバーガー 1050円／スモーキーチーズベーコンバーガー 1200円／燻製チーズ 500円／スペイン産生ハム ハモンセラーノ 1200円

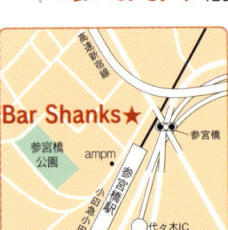

- 🏠 東京都渋谷区代々木4-1-5 参宮橋駅前ビル2F
- 🚃 小田急小田原線参宮橋駅より徒歩すぐ
- ☎ 03-3374-7374
- 🕐 17:00〜 L.O.翌2:00
  日15:00〜 L.O.23:00
- 休 月曜
- カウンター5席・テーブル8席
- P なし
- http://barshanks.blog33.fc2.com/

パティ 120グラム
喫煙 OK

Tokyo

Crown
Mayonnaise
Onion
Patty
Tomato
Lettuce
Mayonnaise
Mustard
Heel

全部入りの「スモーキーチーズベーコンエッグバーガー」(1300円)。チーズはアメリカンチェダー使用。個性的な具材を力強いバンズがしっかり受け止める

Since 2005

パティ120グラム
昼のみ禁煙
デリバリー
テイクアウト
子供入店可
車イス可

アームズ
ARMS

四季折々の自然を楽しみながら食べる、パークサイドの人気店

岩田さんは本郷の名店『FIRE HOUSE』でオーナーの片腕として活躍した人物。春になると向かいにある代々木小公園の桜が見事なこちらは、新緑、紅葉と、窓外に四季の移ろいを眺めながらバーガーを楽しめる、なんとも贅沢で恵まれた立地だ。ハンバーガーはクラウンが大きく、むっくり丸っこいプロポーション。細かく刻んだレリッシュ、トマト、タマネギの上からマヨネーズソースがかかる、サラダのようなさっぱりライトな食べ口が特徴的。

2008年よりテイクアウト&デリバリー専門店を代々木公園駅近くにオープンしたところ、予想以上の大反響。飛躍めざましい人気店だ。

MENU
ベーコンチーズバーガー 1250円／アボカドマッシュルームチーズバーガー 1350円／ホームメイドケーキ 250円〜／ビール（ヘンリーワインハーズ）800円

★ARMS

🏠 東京都渋谷区代々木5-64-7
🚇 東京メトロ千代田線代々木公園駅より徒歩5分
☎ 03-3466-5970
🕐 11:00〜 L.O.22:30
🚫 月曜（祝日の場合は営業）
🪑 カウンター4席・テーブル15席
🅿 なし（代々木公園のPあり）

▼古いミシン台をリフォームしたテーブルなど、アンティークな家具が並ぶ店内

↑カウンターの上に掛かっている写真は、オーナー岩田さんが愛してやまないフォルクスワーゲン・ビートル

↑ツナ、ベーコン、チェダーチーズが入った「アームズサラダ」（1250円）。イタリアンドレッシングをかけ、数人で取り分けたい

Tokyo

Crown
Patty
Mayonnaise
Pickles
Onion
Tomato
Lettuce
Mustard
Heel

54 THE BURGER MAP .... Tokyo

『ARMS』と言えば「ポパイバーガー」(1150円)。ホウレンソウとベーコンを炒めるガーリックの香ばしさが、このバーガー最大の妙味

Since 1996

パティ 220グラム
昼のみ禁煙
デリバリー
テイクアウト
子供入店可
車イス可

ウェスト パーク カフェ
WeST PArK CaFE

牛肉100パーセントパティをシンプルに焼くアメリカンレストラン

アメリカ西海岸をイメージしたカジュアルレストラン。アメリカ育ちのオーナーが、料理とサービスはもとより、細部に至るまで雰囲気作りを重視したのが功を奏し、訪れる客の約5割は外国人だ。1号店の代々木上原店はオープンエアレストランの草分け的存在で、現在は赤坂や丸ビルなど都内に6軒を展開する。

パティはレギュラー220グラムとボリューム満点。3段階の粗さにカットした牛肉を独自の割合でミックスし、ワイルドな食感と肉の香りを生かしている。焼き方は好みで選べるが、ここはミディアムレアがおすすめ。毎朝、店舗で焼き上げる自家製バンズと、メークインを太めに切って揚げた自家製ポテトは秀逸。

🏠 東京都渋谷区元代々木町23-11
🚃 小田急小田原線代々木八幡駅より徒歩5分
☎ 03-5478-6065
🕐 11:30〜23:00
　土日10:00〜17:00
休 無休
席 テーブル32席・テラス16席
P なし
http://www.maysfood.com/

Tokyo

↑「WPCバーガー」(1290円)。高温のグリルで焼いているので、脂がしたたり落ちて炎が上がることも。代々木上原店はガスのグリルだが、炭火焼きに近い風味が味わえる

MENU

WPCバーガー 1290円／ベーコンチーズバーガー 1500円／クリスピーフライ 550円／オニオンリング 550円／カフェ・ラテ 525円／ビール（サムエルアダムス）870円

↑フレンチ、イタリアン、メキシカンなど、さまざまなメニューを用意したカジュアルレストラン

Crown
Mayonnaise
Lettuce
Tomato
Onion
Patty
Mayonnaise
Heel

→定番の「シーザーサラダ」（ハーフ。890円）。外国人のお客さんの中には、レギュラーサイズ（1590円）をメインに注文して食べる人がいるほど

56　THE BURGER MAP

Since 2004

ジップザップ
ZipZap

パティ150グラム
喫煙OK
子供入店可
黒イス可

黒毛和牛を堪能できる、落ち着いたバランスのバーガー

原宿裏通りのオアシスとして、一息つくのにちょうどいいアメリカンダイナー。昼間は明るい雰囲気のオープンレストラン、夜はアルコールのある大人のダイナーとして使い分けられる。この店の特徴は、なんといっても黒毛和牛100パーセントのパティ。ボール状に丸めたパティを鉄板に押し付けながら焼くニューヨークスタイルで、好みの焼き具合にしてくれる。パティの上には、3日間かけて煮込んだフォンドヴォーベースのオリジナルソースがかけられ、トマト、タルタルソース、タマネギが重なる。甘さを抑えたバンズは、裏面がカリッと焼き上がっていて、たっぷりの肉汁を受け止める。

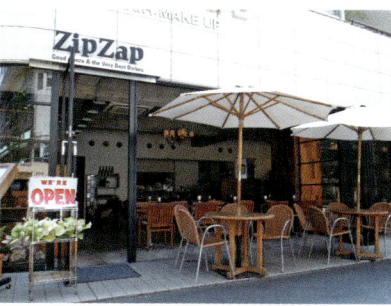

↑ソースをはじめ、材料の味付けも極めて繊細な「クラシックバーガー」(150グラム、1700円)。キュウリ半分を使った自家製ピクルスとクレソンが添えられる

↑大人のリゾート&リラックスをコンセプトに、ゆったりした空間が確保されている。テラス席はペット同伴OK

←6〜7種類の日替わりケーキから選べる「ケーキセット」(750円)は、上品な飾り付けで演出してくれる

MENU
クラシックバーガー 225グラム 2100円／ピクルス 1P 150円／フライドカラマリ 750円／ナチョスのオーブン焼き 950円／生ビール(ハイネケン 1pt) 900円

- 東京都渋谷区神宮前6-9-11 堺ビル1F
- JR山手線原宿駅より徒歩5分
- 03-3499-1150
- 11:30〜23:00
- 無休
- カウンター12席・テーブル44席・テラス16席
- なし
- http://www.zip-zap.jp/

Tokyo

Crown
Onion
Sauce
Tomato
Sauce
Patty
Lettuce
Heel

Since 2007

Faith
フェイス

すべての食材の味を感じられるように、常に工夫をこらす

MENU
ハンバーガー 980円／テリヤキバーガー 1030円／シュリンプ アボカドサンドイッチ 1300円／オニオンリングス 300円
※掲載は店頭価格。各種デリバリー情報はHPにて要確認

- 🏠 東京都新宿区荒木町16 エスペロビル1F
- 🚇 都営地下鉄新宿線曙橋駅より徒歩3分
- ☎ 03-6661-3353
- 🕐 11:30～15:00／17:00～21:00 土日祝11:30～19:00
- 休 火曜(日曜はデリバリーのみ)
- 席 カウンター4席・テーブル12席
- P なし
- http://www.delivery-faith.com/

↓茶色のトーンでまとめられた店内。ウッディでアメリカンな雰囲気で、店内に腰を落ち着けるとほっとする

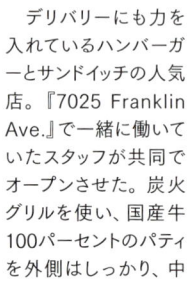

デリバリーにも力を入れているハンバーガーとサンドイッチの人気店。『7025 Franklin Ave.』で一緒に働いていたスタッフが共同でオープンさせた。炭火グリルを使い、国産牛100パーセントのパティを外側はしっかり、中心部は赤身が残るレアな焼き加減に。オープンして3年目だが、常に試行錯誤しながら改良を続けている。特注バンズも進化を遂げ、ようやくイメージに近いものができあがった。湯ごね製法を用いたバンズは噛み応えのあるタイプで、パティや野菜を両側からがっしり押さえ込んでいる力強い印象。スタンダードなバーガーの質をよくしたいと、常に味を追求している。

↑周囲は住宅やオフィスビルばかりなので、外観はあまり目立たず、隠れ家的な存在

↑エビ、チキン、チーズ、アスパラ、アボカド、トマトが入った「コブサラダ」(1000円)

パティ113グラム／喫煙OK／デリバリー／テイクアウト／子供入店可／車イス可

Tokyo

Crown / ketchup / Patty / Mustard / Tomato / Onion / Pickles / Lettuce / Sauce / Heel

THE BURGER MAP　Tokyo

チーズとアボカドをトッピングした「カルフォルニアバーガー」(1180円)。自家製のケイジャンソースはピリ辛ながらもマイルドな味わい

Since 2000

パティ 115 グラム
分煙
テイクアウト
子供入店可

ジェイ エス バーガーズ カフェ

J. S. BURGERS CAFE

晴れた日はオープンカフェで、あっさりヘルシーなバーガーを

新宿タカシマヤの向かい側、広々としたオープンテラスが気持ちいいバーガーカフェ。テラスに90席、室内に50席あるため、ゆったりとくつろいでハンバーガーを味わえる。ランチタイムにはサラダバーを目当てに、近くのOLたちでにぎわう。

バーガーは、オージービーフ100パーセントのパティを鉄板で焼き上げ、ソース類なしの肉の味で勝負。天然酵母で長時間発酵させたバンズは卵不使用の『峰屋』製。グラハム粉入りで、しっかりと焼き込んであり、噛むたびにプチッとした粉が感じられる。塩コショウは全体的に控えめなので、付属のケチャップやマスタードを使って好みの味付けに。

MENU

ハンバーガー（ポテト付）900円／ベーコンエッグバーガー（ポテト付）1080円／J.S.サラダ 580円／チキンバスケット 580円／チーズケーキ 580円／オーガニックコーヒー 350円／生ビール 580円

↑人気ナンバーワンは「アボカドバーガー（ポテト付）」（1080円）にレッドチェダーチーズをトッピング（150円）したもの。チーズ上のレリッシュがアクセントに

←カフェと名が付くように、デザート類も充実している。「モカチョコサンデー」（580円）のほか、チーズケーキも人気

🏠 東京都新宿区新宿4-1-7 3F
🚃 JR新宿駅より徒歩すぐ
☎ 03-5367-0185
🕐 11:30〜 L.O.22:00
　日祝11:00〜 L.O.21:00
休 無休
席 カウンター6席・テーブル50席・テラス90席
P なし
http://jsb-cafe.jp

Tokyo

Crown
Pickles
Patty
Onion
Tomato
Lettuce
Heel

THE BURGER MAP

Since 2000

マダム ケイ

MADAM K

時代を感じさせる、昔ながらのハンバーガーショップ

　間口は狭いものの、カウンターキッチン奥の階段を上がった中二階が広々としたテーブル席になっている。往年の映画スターたちの写真が並ぶ壁には、著名人のサインも。

　家族旅行でアメリカへ行った店主の河村さんは、ハンバーガーとホットドッグのおいしさに感激。そのときの感動を日本で伝えたいと店を開いた。

　パティは、ビーフとポークの合い挽き。カリッと焼き上げたバンズは弾力ある歯ごたえで、大きめのレタス、しっかりしたパティと相まって食べごたえがある。みじん切りのタマネギが入った自家製トマトソースが味を引き立てている。

MENU

ハンバーガー 480円／オニオンバーガー 550円／オールスターBIG 1300円／グレートヒレカツバーガー 1300円／ガーリックポテト M 250円／ペプシ 300円

住 東京都新宿区富久町16-24
交 東京メトロ丸ノ内線新宿御苑前駅より徒歩5分
電 03-3351-8242
営 10:00〜24:00
　 土日10:00〜18:00
休 不定休
席 テーブル40席・テラス4〜10席
P なし（近隣にコインPあり）

↑ 1階にオープンキッチンがあるので、バーガーを作る様子が中2階に上がる階段から見える。広い2階席はくつろげるスペース

← アメリカのホットドッグを日本人向けに改良した自慢の「ホットドッグ」(480円)。カリッとしたパンが特徴的

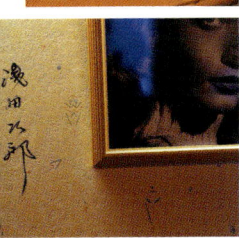

パティ100グラム／喫煙OK／テイクアウト／子供入店可

Tokyo

↑「塩焼きバーガー」(550円)は塩コショウだけで焼いた一品で、スライスしたタマネギのシャキシャキした食感が際立つ。シンプル・イズ・ベストを感じさせるメニュー

Crown
Sauce
Patty
Lettuce
Sauce
Heel

Tokyo　　　　THE BURGER MAP　61

Since 2008

イースト ヴィレッジ
EAST VILLAGE

パンチの効いた個性派ハンバーガーを味わう

建坪わずか3坪という小さな店構えながら、地元池袋を中心に人気の一軒。店長の古川智之さんは和食やイタリアンなどの調理歴の持ち主で、自家製トマトソースのおいしさは特筆ものだ。パティは3種類の牛肉の部位と、国産和牛の牛脂をつなぎなしでブレンド。レギュラー130グラムだが、スモール110グラムにすると50円引きに。バンズは地元『backer fujiwara』に発注しているオリジナルで、柔らかくもほどよい噛み応えがあり、パティのソフトな食感とうまくマッチしている。付け合わせのポテトは、フレンチフライ、マッシュポテト、アンデスポテトの盛り合わせ。食感の違いが楽しめて、一鉢で3度おいしい。

MENU

ハンバーガー 1050円／アボカドワカモレバーガー 1310円／モッツァレラバーガー 1365円／チリバーガー 1365円／フレンチロースト／コーヒー 260円／ルートビア 420円

↑ブルックリンラガー、ネグラモデロなど、ビール類も充実

↑「普通のポテトだけだと飽きちゃうから」と、オーナーの気遣いがうれしい。テーブルにあるカレーパウダーで味の変化を楽しめる

住 東京都豊島区東池袋1-13-1
交 JR池袋駅より徒歩10分
℡ 03-3981-9177
営 11:30～22:00
休 無休（お盆・年末年始は休業）
席 カウンター5席・テーブル2席
P なし

↑ニューヨーク市マンハッタン地区「EAST VILLAGE」で見かけた、古ぼけたバーをイメージした小さな店舗

ジャマイカ料理のシーズニングを使った「ジャマイカンジャークバーガー」（1310円）は、パイナップルやカシューナッツを加えて複雑な味と食感を出した自信作。途中からライムを搾って味の変化を楽しむ

Since 2008

ハングリー ヘブン

HUNGRY HEAVEN

人気焼き肉店が考案した独創的なハンバーガー

　創業1987年の焼肉店『ギュービッグ』が始めたハンバーガーショップだが、爆発的なボリュームを食べさせることで人気の本店のイメージと異なり、あくまでバランス重視。

　パティは日によって、オージーまたはUSビーフを使用。角切りにした和牛の脂を加え、焼肉店から出る"秘密の部位"をミックスして独自の旨みを引き出している。つなぎなし、塩コショウのみで、ほどよい柔らかさに焼く。少し甘みを持たせたバンズは、カラメルを塗って焼いた部分が滴り落ちる肉汁のようだ。外はカリッと、中はふっくらのこのバンズで具材を挟みこんだシルエットは、まるで"未確認飛行物体"のようで、不思議な安定感がある。

「ハングリーヘブン インディア」（800円）は、パティの上に自家製カレーソースがかかる。子どもの頃に食べた覚えもないのに、なぜか懐かしさを感じさせる

→ ハワイのビールと「チリビーンズポテト」（450円）。アルコール類が豊富で、カクテルは40種以上から選べる

↑アルコール類が並ぶバーカウンターは遅くまで楽しむ地元客でにぎわう
↓ウッディな店内は雑貨やTシャツが飾られて、温かみのあるアメリカンスタイル

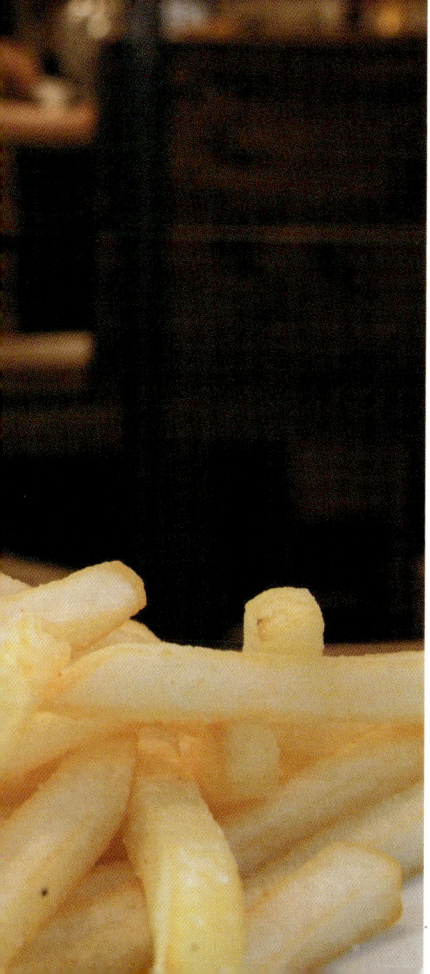

MENU

ハングリーヘブンバーガー 750円／モッツァレラ＆ルーコラバーガー 850円／プレーンドッグ 650円／アボカドのフリット 350円／ビール（FIRE ROCK）780円

HUNGRY HEAVEN

- 東京都板橋区上板橋3-5-1
- 東武東上線上板橋駅より徒歩3分
- 03-3937-8929
- 11:30～ L.O.14:45／17:00～ L.O.翌1:30 土日祝11:30～ L.O.翌1:30
- 無休 カウンター6席・テーブル15席 なし

※昼は全席禁煙。夜はカウンター以外、23時まで禁煙

パティ 130 グラム
時間帯禁煙
テイクアウト
子供入店可
車イス可

Tokyo

Crown
Sauce
Patty
Mustard
Pickles
Onion
Tomato
Lettuce
Mayonnaise
Heel

THE BURGER MAP 65

Since 2003

パティ115グラム / 喫煙OK / テイクアウト / 子供入店可 / 車イス可

サセボバーガー ザッツ バーガー カフェ

佐世保バーガー Zats Burger Cafe

"開国"を迫った、本場・佐世保バーガーを東京で

佐世保市生まれで佐世保市育ちのオーナーが、郷里のハンバーガーを東京の人に知ってほしいと開業したのが2005年のこと。「佐世保バーガー東京上陸」という黒船来襲のようなインパクトあるコピーで、今日のハンバーガームーブメントの一翼を担った。もともと佐世保バーガーにはきちんとした定義はなく、現地でもさまざまな形で親しまれていたが、ベーコンエッグバーガー発祥の地であることは間違いない。5ミリ厚の鹿児島産黒豚ベーコン、飼料から吟味して育てた鶏卵といった王道の組み合わせを甘めの自家製マヨネーズソースがまとめる。

↑サワークリームとスイートチリソースを添えた「スウィートチリポテト」（490円）は人気のサイドメニュー

↑すべて国産素材にこだわった「佐世保バーガー」（ジャンボ 1380円）。テリヤキ風の甘めのデミグラスソースが絡まる。食べるなら絶対にジャンボを

MENU
ハンバーガー 500円／佐世保バーガー 690円／アボカドバーガー 680円／フライドポテト 290円／チキンレッグ 380円／キャラメルモカ 580円／龍馬ビール 1000円

Crown / Mayonnaise / Lettuce / Tomato / Onion / Sauce / ketchup / Patty / Heel

佐世保バーガー Zats Burger Cafe

- 東京都中野区中野3-35-6
- JR中央本線中野駅より徒歩3分
- 03-5340-0617
- 11:00〜翌2:00
- 無休
- テーブル28席・テラス4席
- なし
- http://sasebo-burger.jp/

↑1階はオープンエアの14席、2階に上がると落ち着いた照明でくつろげる14席がある

Tokyo

THE BURGER MAP

Since 2008

ゴーノ バーガー アンド グリル
GONO burger&grill

パティ100グラム／昼のみ禁煙／テイクアウト／子供入店可／車イス可

ストレートに牛肉の旨みを感じる炭火焼きバーガー

ハンバーガーを中心としたグリル料理を展開するレストラン＆バー。『東京アメリカンクラブ』で働いていた小野晋治シェフが、アメリカ料理にイタリアンのエッセンスを加えた「マカロニウエスタン」をコンセプトに腕をふるう。パティはUSビーフとオージービーフの肩・モモ肉をブロックで仕入れ、和牛脂を加えて毎朝自家挽き。注文が入ってからパティの重さを計って成形し、炭火でじっくり焼き上げている。肉のジューシーさと香ばしさは、炭火焼きならではの風味だ。この店では、チーズをビールでのばして作るビアチーズソースや隠し味の効いたテリヤキソース、パティの味付けに使うバーガースパイスなども自家製。さまざまな味を試してみたい。

↑ローソファからテーブル席まで、ゆったりとした地下の空間。サッカー放送を目当てにファンが集まる

↑ビアチーズソースとオニオンソース、アボカドをトッピングした「ゴーノバーガー」(150グラム、1330円)。パティは2グラム10円で好きなサイズにできる

↑香ばしさが際立つ「炭火焼フレンチトースト　アイスクリーム添え」(680円)。オリジナルサンデーやパンケーキなど、デザートメニューにもシェフの腕がさえる

MENU
炭火焼バーガー 550円／テリヤキバーガー 980円／チキンウィング 630円／牛たたきのカルパッチョ 880円／GONOオリジナルバナナシェイク 600円

- 住 東京都武蔵野市吉祥寺本町2-10-12-B1
- 交 JR中央本線・京王井の頭線 吉祥寺駅より徒歩5分
- ☎ 0422-23-7050
- 営 11:30〜24:00 日祝11:30〜22:00
- 休 月曜(祝日の場合は翌日休)
- 席 テーブル32席
- P なし
- http://www.gono.jp/

Tokyo

Crown／Patty／Sauce／Tomato／Onion／Lettuce／Heel

THE BURGER MAP

Since 1999

パティ 90グラム
喫煙OK
テイクアウト

ジャクソン ホール
JACKSON HOLE

人気漫画『NANA』の聖地で、名物バーガーを味わう

スキーヤーのオーナーが通っていたアメリカ・ワイオミング州にある田舎町、ジャクソンホールにあったウエスタンバーの雰囲気を再現。映画化もされた少女漫画『NANA』で、登場人物たちが集うバーとして描かれたこともあり、海外からもファンが駆けつける。主人公のナナいち押しの「ジャクソンバーガー」を食べながら『NANA』の世界に浸る人も多い。ビーフ100パーセントのパティは毎日手ごねされ、白ゴマ入りの特製バンズは、サクサクふわふわ。女性も食べやすいサイズだ。1階は長いバーカウンターに吹き抜けで開放感のある造り。螺旋階段を上がった2階にはスキー場にある赤いゴンドラが設置されている。

MENU
BLTジャクソンバーガー 550円／厚切り自家製あぶりベーコン 580円／スパイシー手羽先 4本 600円／生ビール（カールスバーグ）550円／グレートノーザンコーヒー 270円〜

↑ネオンサインが目立つ外観で、西部劇の舞台のようだ。店内では、ランチタイムからアルコールが楽しめる

→サイドメニューも充実している。「ポテトのクリームチーズ和え」（670円）は、夜限定のメニュー

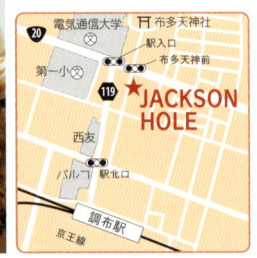

←看板メニューの「ジャクソンバーガー」（550円）は、パティの上にオリジナルのミートソースがたっぷりかかる。トマトは鉄板でグリルして甘みを引き出している

Tokyo

Crown
Tomato
Sauce
Mustard
Patty
Onion
Lettuce
Heel

🏠 東京都調布市布田1-3-1 イエローストーンビル 1F
🚉 京王線調布駅より徒歩5分
☎ 042-486-3851
🕐 11:30〜14:00／17:30〜翌1:00
　土11:30〜15:00／17:30〜翌1:00
　日11:30〜15:00／17:30〜24:00
📅 無休
🪑 カウンター6席・テーブル27席
🅿 なし
　http://www.snow--wave.com/

THE BURGER MAP　　　Tokyo

FUNGO
ファンゴー

Since 1995

オープンテラスが気持ちいい、老舗のサンドイッチカフェ

本郷の『FIRE HOUSE』よりも創業が1年早い、草分け的存在のサンドイッチ専門店。三宿・三軒茶屋界隈のセレブたちから絶大な支持を受け、一時代を築いた。メニューはサンドイッチ25種類に対して、ハンバーガー7種類。肉の食感とジューシーさを生かすため、牛肉100パーセントの粗挽き肉を毎日手ごねして、中心がほんのりレアになるように焼く。天然酵母を使ったバンズは『新橋ベーカリー』製。デリバリーやテイクアウトを考慮し、時間が経っても崩れにくい生地を選択。外側がカリッと焼いてあり、ほんのり甘く弾力がある。チーズはチェダー、モントレージャック、エメンタールから選べる。

MENU
ミニバーガー 850円／ハンバーガー 1200円／メキシカンバーガー 1450円／フレンチフライ 400円／生ビール（ハイネケン）750円／ビール（ヒューガルデンホワイト）900円

- 東京都世田谷区下馬1-40-10
- 東急田園都市線三軒茶屋駅より徒歩15分
- 03-3795-1144
- 11:00～ L.O.24:00
- 無休（年末年始は休業）
- テーブル29席・テラス16席
- なし（近隣にコインPあり）
- http://www.fungo.com/

パティ130グラム／昼のみ禁煙／デリバリー／テイクアウト／子供入店可／車イス可

↓看板メニューの「アボカドチーズバーガー」（1400円）は、女性に大人気。ヒール上のタルタルソース、グリルしたオニオンスライスがパティの迫力を支える

↓ランチメニューの「自家製ローストビーフサンド」（1000円）は、和風ビネグレットソースが独特

Tokyo

Crown
Mayonnaise
Lettuce
Tomato
Patty
Onion
Sauce
Heel

THE BURGER MAP

Since 2005

ザ バーガースタンド フェローズ

THE BURGERSTAND FELLOWS

毎夜、ブロック肉からパティを作り出す、職人の労作

　国道246号から一本入った路地で、建物の壁面に貼り付くようにしてある小さな店。店内外の設えはオーナー黒川さんとその仲間たちによる苦心の作だ。パティは牧場および部位指定のオージービーフをブロック肉で仕入れ、毎晩自家挽きしている。連夜のスジ取りに腱鞘炎になったこともある。そんな職人気質のオーナーが作るバーガーは、炭火で焼いた肉々しいパティが、ブカッと大きなグラハムバンズの間にボンっと挟まる、ゴツゴツと質実剛健で無骨な味わい。あまりの硬派ぶりに世の評判がともなわない時期もあったが、その生真面目な仕事ぶりが徐々に評価され、今では名実ともに都内屈指の名店として絶大な支持を得ている。

『FELLOWS』の最高傑作、「ベーコンチーズバーガー」（1300円）。自家製ベーコンの旨みと塩気が、ゴツッとワイルドな自家製パティのこれ以上ない引き立て役に

FELLOWS

- 東京都世田谷区駒沢2-17-9
- 東急田園都市線駒沢大学駅より徒歩8分
- 03-5875-6331
- 11:30～15:00／17:00～ L.O.22:00 日11:30～19:00
- 火曜
- カウンター4席・テーブル5席・テラス7席
- なし
- http://www.fellows-burger.com

パティ 150グラム
混雑時禁煙
テイクアウト
子供入店可

↑パティやベーコンも自家製だが、張り出したテラスも自家製。パティを作る際に出るスジを使った、ワンちゃん用の自家製ビーフジャーキーもある

←店には肉を焼く炭の匂いと、ソテーしたタマネギの匂いが常に漂い、食欲を直撃

↑酸味と粗挽きコショウを効かせた「自家製コールスロー」(200円)は、ビールのつまみに最適なサイドメニューだ

MENU

ハンバーガー 950円／BBQアボカド 1200円／スパイシーポテト 400円／自家製コールスロー 200円／ピクルス 300円／コーラ 400円／生ビール（ハイネケン）600円

Tokyo

Crown
Patty
Onion
Pickles
Tomato
Lettuce
Mayonnaise
Heel

THE BURGER MAP　71

Since 2005

エーエスクラシックスダイナー
AS CLASSICS DINER

ハンバーガーの向こうにアメリカを体現する店

パティ 140グラム
分煙
デリバリー
テイクアウト
子供入店可
車イス可

駒沢公園そばの巨大なアメリカンダイナー。ワインレッドに塗った薪ストーブを店の中心に、オーナー水上さんの集めた雑貨やサインボードなどが、アメリカンな店内を派手に彩る。ベーコンからローストビーフ、コーンビーフ、ハム、ケチャップに至るまで「自家製でないものを探すのが難しい」というくらい、主要な食材はホームメイドを徹底。炭火で焼いた香ばしいパティに自家製ベーコンをのせ、『峰屋』の酒種天然酵母バンズで挟み込んだバーガーは、縦にも横にもビッグサイズで手応えズッシリ。重心の低いおいしさだ。バーガーの味も店の雰囲気も、遙かなる「アメリカ」を体感できる、壮大なスケールの店。

→オーナーのお気に入り、「バッファローウィング」(735円)、4ピース。甘酸っぱさがビールとよい相性

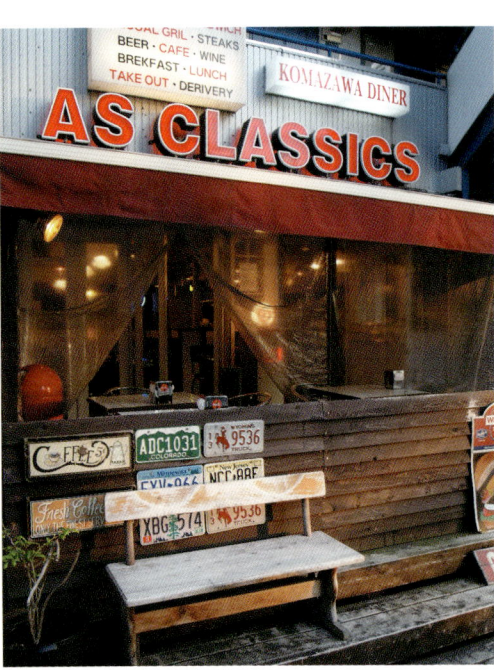

↑テラス席はドッグOK。駒沢公園が近くにあるので、スポーツでひと汗流した後に立ち寄る客も多い

MENU
エンチラーダス 1260円／ファヒータス 1365円／コブサラダ 1115円／フィッシュアンドチップス 630円

Crown
Mayonnaise
Sauce
Patty
Onion
Tomato
Lettuce
Sauce
Heel

🏠 東京都目黒区八雲5-9-22 オリオン駒沢ビル 1F
🚃 東急田園都市線駒沢大学駅より徒歩15分
📞 03-5701-5033
🕘 9:00～23:00
🗓 火曜
🪑 カウンター7席・テーブル32席・テラス8席
🅿 なし
http://www.asclassics.com/

Tokyo

THE BURGER MAP

「ベーコンチーズバーガー」（1365円）。旨みたっぷりな自家製ベーコンに、ゴリゴリのパティ。炭の匂いもプンと香ばしいヘヴィ級のおいしさ。これぞ肉塊！

Column 01

ハンバーガーの原点を知る店
―― frisco（下北沢）
フリスコ

松原 好秀

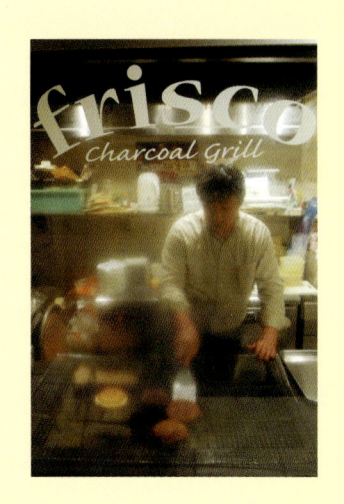

　7席だけの小店。店主・森崎さんは1968年に渡米して以来36年間、サンフランシスコで暮らしていた。当時まだ街中にあった、「爺ちゃん婆ちゃんが炭火を使って焼く、街の小さなハンバーガーショップ」を知る人物である。しかし、そうした町の小店は、チェーン店の台頭により70年代後半にはほぼ絶滅。ハンバーガーは炭火でなく鉄板で焼くものに変わった。かつては町で煙が立っている所がバーガー屋。どの町にも自慢の名物バーガー店があった。今や本場アメリカでも絶えた60年代の味を「ただ忠実に再現しただけ」というのが、ここ『frisco』のバーガーである。

　パンの間に焼いた肉と野菜を挟んだだけ――派手やかな日本のハンバーガーに慣れた身には、ごく「ふっつー」のバーガーである。しかし、アメリカ人にとってハンバーガーとは特別なものではなく、日頃当たり前に口にする日常食なのだから、「ふっつー」が当たり前。その当たり前の中にあって、このバーガーの味は「格別」だ。塩コショウ程度のごく簡単な味付けで、なぜここまでおいしいのか。

　「当時の店がやってないことを、ひとつだけやってる」と森崎さん。日本人らしいマメさも加わったハンバーガーは、自己採点120点の再現度だ。米国バーガー史の生き証人にして原点を知る男の、煙モクモクな町場の名店。歴史を、原点を、味わいたい。

※『frisco』は急な移転要請により2010年7月21日で閉店のため、コラムでの紹介となりました。移転先などは未定（2010年6月現在）

THE BURGER MAP

神奈川

Kanagawa

地図内の番号は、店の位置と掲載ページを表しています

Since 1998

パティ 120グラム
喫煙OK
テイクアウト
子供入店可
車イス可

ビッグママカフェ
Bigmamacafe

創業12年のベテランがバンズ作りに燃やす、情熱と愛情

　都内におけるハンバーガーの著しい進化を目の当たりにして研鑽を重ね、ついにパティとバンズを自ら作るまでに至った、凝り性の店である。営業しながら仕込む自家製バンズは、白神こだま天然酵母を使用し、色つや、形ともに本職のパン屋に迫る出来映え。旨みとバーガーの醍醐味が凝縮された高密度なハンバーガーは、高さよりも横方向に均一な設計にすぐれる。
　横浜市の内陸・港北ニュータウンにあって、本牧山下辺りの古き良き横浜を今に伝える老舗だが、店内はよく手入れされ、12年という歳月を感じさせない。店の片隅では、ピンボールやダーツも楽しめる。

Kanagawa

↑店内には、オーナー織茂さんデザインのグッズがいっぱい。奥の壁にはGAO NISHIKAWA氏のスタイリッシュなイラストも

Crown
Patty
Tomato
Onion
Lettuce
Heel

MENU

ハンバーガー 1025円（夜価格）／パワーガーリック＆ガーリックバーガー（夜のみ）1175円／ナチョス 1055円／ビール（ドラフトバドワイザー）695円／バニラシェイク 625円

夜限定の「スモーキーバーガー」（1425円）。強烈な旨みとスモークフレーバーを放つ自家製ベーコンは、ベーコンの概念を超えたおいしさ。これぞキング・オブ・ベーコン！

THE BURGER MAP

→ オーダーのたびに粉を溶いて焼く「アメリカンワッフル チョコ&キャラメル」(655円)

← 港北ニュータウンの住宅街の中に位置する。ランチ営業も始めてますます人気に

- 🏠 神奈川県横浜市都筑区北山田2-4-20
- 🚇 横浜市営地下鉄グリーンライン北山田駅より徒歩2分
- ☎ 045-592-3331
- 🕐 11:30～ L.O.14:30／19:00～ L.O.翌1:30
- 休 月曜
- 席 カウンター8席・テーブル28席
- P なし
- http://www.bigmamacafe.com

Since 2006

ココチ バーガーズ
COCOCHI BURGERS

精力的な活動が光る、女性オーナーのハンバーガーショップ

田園都市線藤が丘駅から2分、大型マンションに囲まれた住宅街の店。床・壁・机にカリン材を使用した店舗は以前、イタリアンレストランだった。バーガー店には珍しく広い個室があり、英会話やお花をはじめ、さまざまな教室を催している。明るく元気な女性オーナー後藤麻里さんが作るハンバーガーはポップでキャッチーな味わい。ホシノ天然酵母の第一人者である町田の名パン店『ドゥ・リーブル』の独創的なバンズの数々を駆使し、旬の食材を使った「今月のバーガー」を毎月繰り出している。自家菜園で栽培する無農薬野菜を取り入れたメニューもスタートし、とどまるところを知らぬ精力的な活動で大注目の元気な一軒。

サイド
パティ 120グラム
昼のみ禁煙
デリバリー
テイクアウト
子供入店可
車イス可

Kanagawa

MENU
ココチバーガー 900円／フォアグラバーガー 2800円／フライドチキン 1P 350円／自家製ピクルス 350円／平日ドリンクセット（ランチタイム）250円

↑「クラムチャウダー」（600円）。クラッカーを砕いて入れるのがポイント

Crown
Pickles
Onion
Patty
Tomato
Lettuce
Mayonnaise
Mustard
Heel

🏠 神奈川県横浜市青葉区藤が丘2-3-1 2F
🚃 東急田園都市線藤が丘駅より徒歩すぐ
☎ 045-972-2848
🕐 11:30～ L.O.14:30／18:00～ L.O.21:00
土日祝11:30～ L.O.15:30／18:00～ L.O.21:00
休 水曜
席 カウンター4席・テーブル30席
P 200台（提携Pあり）
http://www.cocochi.cc

→パティやベーコンは鉄板で、バンズは銅板でと、広い厨房を生かしてグリドルも使い分けている

THE BURGER MAP

自家製ベーコンの旨みが出色の「ベーコンチーズバーガー」(1250円)。チーズは3種類から、バンズはクラシック、玄米、胚芽、やわらかバンズの4種類から選択

Since 1992

ムーン カフェ
MOON Cafe

黄色いソファーに腰掛けて、アメリカンなバーガーをほおばる

　ハマっ子たちが憧れた「フェンスの向こう」だった場所——ここは本牧、かつての米軍横浜海浜住宅地区、エリア1。
　カルフォルニアの雰囲気満点なカーショップに併設されたこの店は、60年代のアメリカがコンセプト。目玉マークの自動車パーツメーカー『ムーンアイズ』の創始者にちなんだ「Dean Moon Burger」は、レギュラーサイズのパティをダブルで挟んだ、250グラムのヘビー級だ。肩ロースを使った脂分少なめのパティに、ふかふかしつつも生地のしっかりしたバンズが重なり、店の空気にぴったりな重厚感のあるバーガーに。ガバーッと掴んでガブーッとカブりつき、生ビールをグイーッと飲み干せば、気分爽快！

→ 毎日、ひとつずつパティを成形する。しっかり身が締まるように、両手の平でキャッチボールをしながら空気を抜いていく

↑ ボール状に揚げられた「オニオンボール」(525円)は、『MOON Cafe』のオリジナルメニュー。みんなで崩しながら食べて楽しみたい

バンズの直径7.5センチ、パティ50グラムのミニバーガー「HONMOKU BABY MOON BURGER」(1470円)。自分で具材を組み合せるのが楽しい

パティ150グラム

分煙

テイクアウト

子供入店可

車イス可

Kanagawa

MENU
Dean Moon Burger　1680円／Avocado Moon Burger 1365円／チリボール 1050円／チーズケサディラ 1265円／ビール(Budドラフトビアー) 630円／バニラシェイク 1050円

- 神奈川県横浜市中区本牧宮原2-10
- 首都高速湾岸線本牧ふ頭インターより車で3分
- 045-623-3960
- 11:30〜 L.O.21:30
  日祝10:30〜 L.O.20:30
- 無休　カウンター8席・テーブル20席・テラス12席
- 10台
- http://www.mooncafe-honmoku.com/

Crown
Pickles
Onion
Tomato
Lettuce
Patty
Heel

THE BURGER MAP　81

Since 1999

パティ150グラム / 禁煙 / テイクアウト / 子供入店可 / 車イス可

L.A.S.T
ラスト

炭火焼きパティで直球勝負の、アメリカンダイナー

カリフォルニアやメキシコの料理が味わえるダイナーで、店名は「Love・American・Story・Time」の頭文字から。接客のよさも評判で、窓からはコスモワールドの大観覧車を眺められる。店内に所狭しと飾られたディスプレイは、すべてアンティークの輸入品だ。

ここのバーガーの特徴は「肉」。炭火で表面をカチッと硬くなるくらいまでしっかり焼き込みながら、内部にほんのり赤味を残す入魂の焼き加減。香ばしさと脂の旨み、塩加減がバランスよく決まって「肉を楽しむ」姿勢に満ち満ちている。ケシの実が表面に付いたバンズはやや柔らかめ。

MENU
オリジナルバーガー 1000円／ガンボバーガー 1380円／メキシカンサラダ 1480円／クリスピーフライドカラマリ 580円／生ビール（キリン）650円／モヒート 850円

🏠 神奈川県横浜市中区新港2-2-1 横浜ワールドポーターズ5F
🚃 みなとみらい線みなとみらい駅より徒歩5分
📞 045-222-2533
🕐 11:00〜23:00
休 無休
席 カウンター24席・テーブル126席
P 1000台（有料）
http://www.american-last.com/

↓自家製バーベキューソースとスモークシーズニングで焼き上げた「テキサスBBQバーガー」（1480円）。ベーコンとオニオンリングがトッピングされる

→広々とした店内は、赤や黒のチェックのテーブルクロスなど、コーナーごとに雰囲気が異なる

Kanagawa

Crown / Mayonnaise / Patty / Tomato / Onion / Lettuce / Mayonnaise / Heel

↑専用の機械を使い、タマネギを花のように開いて揚げた「ワイルドウェストオニオン」（1200円）は名物メニュー

82　THE BURGER MAP　　　　Kanagawa

Since 1968

HONEY BEE
ハニー ビー

パティ 227 グラム
喫煙OK
テイクアウト
子供入店可
車イス可

米兵が集まるカウンターに座れば、異国情緒たっぷり

横須賀市が「ネイビーバーガー」で町おこしをする40年以上前から、米海軍横須賀基地のゲート前で店を開いている元祖横須賀バーガーの老舗。すぐ裏手にどぶ板通りが続く。パティはつなぎなしの国産ビーフ100パーセント。焦げるほどよく焼き込んであるのは、米兵好みの焼き方だろうか。何も付けずに噛みしめれば、しっかりとした肉の香りと旨みに、バンズの甘みが静かに混ざり合う。それほど大きくはなく、両手にすっぽり隠れるサイズだ。「パンの間に焼いた肉と生野菜を挟んだだけ」という無造作な作りに、40年の歴史を確かめたい。

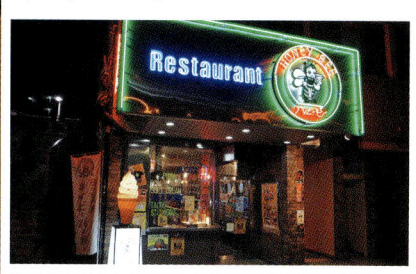

↑国道16号沿い、米軍基地の真ん前で歴史を刻み続ける。ベトナム戦争の真っ最中にオープンした生き証人

↑人気の「チーズバーガー」(730円)は、クォーターパウンドの113グラム。塩コショウだけのシンプルな味付けなので、ケチャップやマスタードで好みの味に

MENU
ヨコスカネイビーバーガー 950円／チリバーガー 980円／タコライス 800円／タコス 480円／コーラ 300円／レモネード 350円／ビール（バドワイザー） 650円

- 神奈川県横須賀市本町2-1
- 京浜急行本線汐入駅より徒歩5分
- 046-825-9096
- 11:30〜翌2:00
- 無休
- カウンター16席
- なし
- http://www.honeybee-yokosuka.com/

↑オーナー自慢の「チリドッグ」(850円)は、自家製チリビーンズが絶品。追加のチェダーチーズでマイルドに

Kanagawa

Crown
Tomato
Onion
Lettuce
Patty
Heel

THE BURGER MAP　83

TSUNAMI／津波
ツナミ

サーフショップからネイビーバーガーきっての超人気店へ

ネイビーバーガー開始4店のひとつにして、『HONEY BEE』と双璧をなす超人気店。在日米海軍最高司令官より贈呈された公式レシピに正しく則った「ヨコスカ ネイビーバーガー」6種と、トッピングなどに独自の工夫を凝らした「スペシャルバーガー」6種の、計12種類のバーガーを提供する。三浦沖の海洋酵母を使い溶岩窯で焼き上げたバンズは、ムチッとした目の詰まりが独特。市内の契約農家で作られた有機野菜をふんだんに使い、地産地消にも意欲的だ。サーフショップから始まり、本格メキシコ料理、そしてバーガーへ。どぶ板通りの中ほどに『SURF TACO』というタコス・スタンドも出している。

↑ 店の2階にはダーツやビリヤード台が置かれ、夜になると米兵が集まりだす

MENU

プレーンバーガー レギュラー 1000円／アボカドチーズバーガー 1250円／バッファローウイング 6P 800円／チョコレートシェイク 400円／生ビール（アサヒ）600円

米海軍第7艦隊所属の巨大空母ジョージ・ワシントンの名にちなんだ「GWバーガー」(1300円)。パティ227グラム、総重量500グラム超と、その名に恥じない巨艦ぶり

←元はサーフショップだったが、売り場の一部でホットドッグを売り始めたのが、今日に至るきっかけに

←2010年3月より、横須賀市が始めた「YOKOSUKA チェリーチーズケーキ」(600円)。もちろん自家製だ

- 神奈川県横須賀市本町2-1-9
- 京浜急行本線汐入駅より徒歩3分
- 046-827-1949
- 11:00〜翌2:00
  金土11:00〜翌5:00
  (フードのみL.O.24:00)
- 無休(年始は休業)
- カウンター9席・テーブル67席
- なし

Since 2009

パティ110グラム
喫煙OK
テイクアウト
子供入店可

グッド メローズ
good mellows

スローライフとファストフードの、より良き「中間」

由比ヶ浜の海水浴場を臨むオーシャンビューの店。弱冠25歳のオーナー上原さんは鎌倉生まれの逗子育ち。中学生の頃はよく横須賀で遊んでいたという地元人だ。長らくシーフードレストランだった店跡を改装し、炭火焼きのハンバーガーショップを始めた。パティはオージービーフ。鎌倉駅近くのベーカリーが作るバンズは、目の詰まったドライな生地。噛み締めるごとに独特のおいしさが感じられる。「鎌倉やさい」を謳う地元産のトマトや、地ビール「鎌倉ビール」など、地の物を積極的に取り入れている。

明るく開放的な雰囲気が心地よい店内からは、湘南らしいライフスタイルがにじみ出る。

MENU

goodバーガー 850円／ゴルゴンゾーラバーガー 950円／オニオンリング 300円／メキシカンフライ 350円／クランベリージュース 400円／グァバジュース 400円／生ビール 600円

↑「シラスサラダ」(950円)
→「鎌倉サイダー」(350円)。鎌倉発の地サイダー。静岡・大井川伏流水で仕込んだ懐かしい味

↑ 国道134号線沿い。お隣には会員制のサーフクラブがある。海水浴シーズンは行楽客でにぎわう

→ 磯の香りが流れ込む店内には、帆船模型やサーフボードなど、「海辺」を演出するグッズが多数並んでいる

←「goodチーズバーガー」(950円)。地元産の真っ赤なトマトにチェダーチーズの黄色、レタスの緑を濃い茶色のバンズが挟む。これぞハンバーガーの王様

Kanagawa

Crown
Patty
Pickles
Mayonnaise
Tomato
Lettuce
Heel

🏠 神奈川県鎌倉市坂ノ下27-39
🚃 江ノ島電鉄長谷駅より徒歩5分
📞 0467-24-9655
🕘 9:00～15:00／16:00～ L.O.20:30
📅 火曜(祝日の場合は営業)
💺 カウンター7席・テーブル15席・テラス8席
🅿 6台
http://www.goodmellows.com

86 THE BURGER MAP

LATINO HEAT

ラティーノ ヒート

湘南茅ヶ崎の住宅街にある、カフェ風のバーガーショップ

　個性的なカフェなども数多い、湘南茅ヶ崎の住宅街の一角にある。通称「桜道」沿い。オーナー田辺さんは、横浜のセンター南にあった『California Diner Bu』の元スタッフで、閉店した同店を引き継ぐ形でこの店をオープンさせた。椅子や机、食器類などはBuのもの。
　ハンバーガーは25種類。トマトは寒川町、タマネギは伊勢原と、地元神奈川産の野菜を多く使っているが、中でも大ぶりで甘いトマトをふんだんにのせた「サルサバーガー」は、自然な酸味とほのかな甘みで後味さわやか。野菜本来のおいしさがしっかり味わえるハンバーガーだ。もちろん、付け合わせのポテトもBu同様、網目状のクリスカット。

- 神奈川県茅ヶ崎市若松町6-20
- JR東海道本線茅ヶ崎駅より徒歩15分
- 0467-85-9898
- 11:30〜16:00／18:00〜21:00
- 水曜（祝日の場合は営業）
- カウンター5席・テーブル16席
- 2台（日祝のみ3台）
- http://cafe.latino-heat.net/

↑地元産の野菜を使った自家製サルサソースが山盛りの「サルサバーガー」（1100円）。辛さは控えめ。フレッシュトマトのさわやかな酸味が心地よい

MENU
スタンダード 980円／和風バーガー 1100円／エビのフリット 650円／カマンベールチーズフライ 650円／ブレンドコーヒー 400円／コーラ 400円／生ビール 500円

↑「オニオンリング」（650円）　←店名は中米メキシコの国民的スポーツにちなんで。オーナー田辺さんはその熱狂的ファン

Since 2007
パティ150グラム
分煙
テイクアウト
子供入店可
車イス可

Kanagawa

Crown
Mustard
Onion
Tomato
Patty
Lettuce
Mayonnaise
Heel

Since 1986

パティ120グラム
喫煙OK
テイクアウト
子供入店可
車イス可

グッゲンハイム マフィア

GUGGENHEIM MAFIA

年代物のアンティークが飾られた博物館のようなダイナー

日本のハンバーガーは肉汁たっぷりだが、アメリカではパサパサのパティが好まれる。「ウチのバーガーはおいしくないですよ」と謙遜するのは、3代目オーナーの桑澤真樹さん。毎年アメリカに出かけていた桑澤さんは、15年ほど前、アメリカのアンティークモールで手書きのレシピ本に出会ったことから、そこに載っているハンバーガーを作りたくなった。牛肉100パーセントのパティは、シルバーサイドと呼ばれるモモ肉の部位を粗挽きにして、なるべく脂分を落とし、1940年代のアメリカでパティに使われていた肉を再現。それに合わせてバンズもしっかり硬め。国産小麦・天然酵母だが、パニーニに近い食感で素朴な味わいだ。

↓住宅地に突然現れるアンティークな外観。店に入ってすぐ左側に年代物のピンクのキャデラックが止められている

←↑現オーナーの桑澤さんが、初代オーナーのコレクションを生かした店へ

MENU
ハンバーガー 980円／ダブルチーズバーガー 1380円／ケイジャンポテト 680円／ケイジャンサラダ 980円／アップルタイザー 500円／生ビール（カールスバーグ）600円

🏠 神奈川県厚木市幸町6-4
🚉 小田急小田原線本厚木駅より徒歩5分
☎ 046-229-3997
🕐 18:00〜24:00（金土祝前〜翌2:00）
休 月曜
席 カウンター7席・テーブル88席
P 4台（共用15台）
http://www.guggenheim-m.com/

↑「ナチョス」（1080円）。カリッと揚げたコーントルティーヤをワカモレ・サルサソース・サワークリームに付けて食べる

Crown
Pickles
Tomato
Lettuce
Patty
Heel

Kanagawa

伝統を感じさせる「チーズバーガー」(1080円)。付け合わせのピクルス・ケチャップ・マスタードはすべて1940年代からあるアメリカの食品メーカーのもの

Column 02

重ね順の秘密！
ハンバーガーの世界

新井 由己

　ハンバーガーはバンズの間にパティ・レタス・トマト・タマネギなどの食材が挟まれているが、重ね順の違いで食べたときの印象やおいしさが左右される。
　パティが上にあると最初に肉の香りがして次に野菜の歯ごたえがあり、肉汁がタマネギやレタスにしみて口の中で一体化する。パティが下にあると野菜の印象がないまま肉の味がダイレクトに舌の上にのる。唾液は口の舌側にあるため、上あごに当たる食材には汁気があったほうがいいのかもしれない。
　和牛などを使ったパティに特徴がある店のほとんどがヒールの上にパティがあり、その上に野菜が重ねてあった（または野菜は別置き）。香りを感じさせたい食材や調味料は上のほうに、舌での味わいを重視する場合は下のほうにするという共通点があるようだ。
　一方で、食感を演出するために食材が持つ空間も重要だ。レタスをシャキシャキさせるために重ねたり折りたたんだり、トマトやタマネギの厚みを調節する。また、塩味がどこにあるかも重要なポイント。パティの上に野菜を挟んだだけだと、上側に塩分が何もないのでパティまでいかないと味がわからないことがある。
　ハンバーガーは、個別の食材の鮮度や産地を競うものではなく、全体のバランスで味わう食べ物である。どういう順番で重ねられているのかを立体的に見れば、オーナーのバーガーへの愛情が感じられる。

THE BURGER MAP

埼玉
Saitama

- 94
- 92
- 95
- 96

千葉
Chiba

- 98
- 100
- 102
- 104
- 105

地図内の番号は、店の位置と掲載ページを表しています

Since 2001

パティ110グラム
喫煙OK
テイクアウト
子供入店可

オートマンダイナー
OATMAN DINER

今や埼玉を代表する、アメリカンダイナーの老舗

まだ都内にもこうした店の少なかった2001年、小江戸として知られる埼玉県の中核都市・川越に彗星の如く現れた、アメリカンダイナーの草分け。池袋の老舗イタリアンで働いていた"大将"と"シュウさん"らが始めた。大将得意のパスタをはじめ、イタリアンの技術を生かした米南部料理・メキシコ料理の数々はどれも華があり、目移りしてしまう。シュウさんがセレクトする世界のビール、流れるミュージッククリップもセンスの良さが光る逸品揃い。独自の「カルチャー」を発信し続けている、数少ない店のひとつでもある。月替わりで異なったバーガーを提供する「今月のバーガー」を他に先駆けて始めた店としても知られる。

「オートマン」とは、かつてゴールドラッシュに沸いたアリゾナの小さな田舎町の名前。オーナー"大将"が旅の途中に訪れた

ホームメイドの「オニオンリングス」（630円）。タマネギの切り方に特徴あり。つまみとなるサイドメニューにもビールにも困らない店だ

MENU
ハンバーガー 720円／今月のバーガー（価格はメニューにより変更）／オリジナルナチョス 630円／チキンコブサラダ 780円／生ビール（カールスバーグ）630円

📍 埼玉県川越市脇田町14-1
🚉 JR川越線・東武東上線川越駅より徒歩5分
📞 049-222-8433
🕐 11:30〜 L.O.15:00／18:00〜 L.O.22:30
土日祝11:30〜 L.O.22:30
🛌 無休（年末年始は休業）
🪑 カウンター10席・テーブル30席
Ⓟ なし
http://www.oatman-diner.com

Crown
Mayonnaise
Patty
Lettuce
Tomato
Pickles
ketchup
Onion
Mustard
Heel

Saitama

「ベーコンチーズバーガー」に、フライとサラダが付いたランチのプレート(1140円)。本場アメリカ風にカリッと焼いたベーコンと、千切り状に細く刻んだレタスが特徴。チーズは3種類から選べる

Since 2009

パティ 120グラム
喫煙 OK
テイクアウト
子供入店可
車イス可

カフェ イージー ランド
Cafe Easy Land

カフェ好きも納得！アンティーク感漂うハンバーガーカフェ

　行田市郊外、田んぼの中にぽつんと建つオアシスのようなハンバーガーカフェ。都内で移動販売をしていたオーナーの澤田慎太郎さんが、元はうどん店だった建物をほとんど自力で改築してオープンした。うどん打ちのスペースがミニ個室になっているのがユニーク。
　パティはオージービーフ100パーセント。4種類の部位をミックスして、手動のミンサーで極粗挽きにする。バンズはふわふわで柔らかく、クラウンとヒールで焼き加減を変えている。
　コーヒーはイタリア「illy」の豆を、ラ・チンバリ社のエスプレッソマシンで抽出。シェイクや自家製スイーツも充実しており、郊外型のカフェとしても魅力的。

Cafe Easy Land

🏠 埼玉県行田市野1089-3
🚃 JR高崎線北鴻巣駅より車で10分
📞 048-559-5533
🕐 11:30～ L.O.21:30
🗓 火曜、第1・3月曜（祝日の場合は翌日休）
🪑 カウンター7席・テーブル4席
🅿 5台
http://www.geocities.jp/cafeeasyland/

↓「アボカドと厚切りベーコンのシーザーサラダ」（890円）

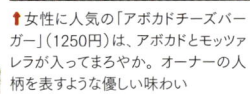

↑女性に人気の「アボカドチーズバーガー」（1250円）は、アボカドとモッツァレラが入ってまろやか。オーナーの人柄を表すような優しい味わい

MENU

ハンバーガー 950円／ベーコンチーズバーガー 1350円／フィッシュ＆チップス 780円／本日の自家製チーズケーキ 400円／黒ゴマはちみつシェイク 650円

← "行田のバグダットカフェ"と呼ばれているほど周囲に店がないが、お客さんはここを目指してやって来る

Saitama

Crown
Patty
Onion
Tomato
Lettuce
Sauce
Heel

THE BURGER MAP

Since 2007

スパイダース バーガー アンド ピザ

Spiders Burger × Pizza

月替わりのオリジナルバーガーにも意欲を見せる隠れ家

イタリアンの店長をしていた星丘尚久さんは、1日に何食もハンバーガーを食べ歩いたほどのハンバーガー好き。都内の人気ハンバーガー店を回って研究を重ね、2007年に本格ハンバーガーとピザの店をオープンさせた。オージービーフと和牛をミックスしたパティは、肉の挽き方を変えて食感の違いが出るように工夫している。パティはレギュラーで150グラム。オリジナルのスパイスで味を整えて、ジューシーさが残るように焼き上げる。海洋酵母を使った小麦胚芽入りのバンズは、ドイツの食事パンを代表するカイザーロール。皮はパリッと中身はもっちりで、小麦の香りとマイルドな味わいを楽しめる。

パティ 150グラム
喫煙 OK
テイクアウト
子供入店可
車イス可

MENU

クラシックバーガー 700円／クラシックチーズバーガー 750円／モンスターバーガー 1300円／モッツァレラチーズのオムレツ 600円／生ビール（バドワイザー）600円

↑「スパイダースバーガー」(800円)は、アボカドをスライスせず、ディップで使用。ワサビ、醤油、ガーリック、マヨネーズなどで和風のテイストにまとめている

→「プロシュートと半熟卵のピザ」(1000円)。薄くてパリパリの自家製の生地とのハーモニーが楽しめる ソファ席とテーブル席でがらりと雰囲気が変わる店内

saitama

Spiders Burger × Pizza

🏠 埼玉県川口市幸町2-2-16 クレールマルシェビル202
🚃 JR京浜東北線川口駅より徒歩5分
☎ 048-258-0220
🕐 11:00〜16:00／18:00〜24:00
休 火曜（祝日の場合は翌日休）
席 カウンター4席・テーブル12席
P なし
http://spiders-b-p.saitama.in/

Crown
Mayonnaise
Lettuce
Tomato
Onion
Patty
Heel

THE BURGER MAP

95

Since 2005

アンチェイン ファーム
UNCHAIN FARM

アメリカから持ち帰ったバーガーの種を、地元・草加にまく

パティ115グラム / 昼のみ禁煙 / デリバリー / テイクアウト / 子供入店可 / 車イス可

オーナーシェフの中村和敬さんは、かつて北海道の牧場で働いていたことがあり、そのとき研修で行ったカルフォルニアの田舎町にあったダイナーで食べたハンバーガーに衝撃を受ける。帰国後、たまたま入った本郷の『FIRE HOUSE』で日本人らしい繊細なバーガーに感激。同店で1年半の修業を経て、地元で店を開いた。「ハンバーガー文化を地元に根付かせたい」と中村さんは意気込む。パティはオージービーフの肩ロースと和牛の脂をブレンドして、やや粗挽きに。バンズは歯切れと食感にこだわり、甘みやバターの香りを極力抑え、全体のバランスを合わせている。

MENU

アボカドチーズバーガー 1113円／レットホットバーガー 1008円／アンチェインナチョス 704円／クランベリーマンゴー 473円／アボカドシェイク 714円

- 埼玉県草加市住吉1-7-4
- 東武伊勢崎線草加駅より徒歩3分
- 048-924-7654
- 火〜土11:00〜 L.O.22:30 月〜日11:00〜 L.O.20:30
- 第3月曜
- カウンター5席・テーブル11席・テラス3席
- なし
- http://www.unchainfarm.com/

↓『ファイヤーキング』のマグカップがずらりと並ぶ。アメリカを代表する耐熱ガラスの食器メーカーで、1940〜1976年まで製造された

↑アメリカの田舎町をイメージしたダイナー。カウンターで気ままに、奥のテーブルではゆっくりとくつろげる

↑3種のソースがある「クレイジーポテト」(704円)

Crown / Mayonnaise / Patty / Pickles / Onion / Tomato / Lettuce / Mustard / Heel

Saitama

ハチミツとコーラの甘みがクセになる
「ハニーBBQバーガー」(945円)。
お皿にケチャップで描かれたスマイ
ルマークに、密かなファンが多い

ダブルシックス
66

裏柏文化圏に位置する、隠れハンバーガーカフェ

柏駅周辺に縦横に走る小径を分け入った路地にある、裏通りのアメリカン。柏で一、二を争う人気カフェに挟まれた新参者も、今ではすっかり「ウラカシ」と呼ばれる地元カルチャーのワンピースに収まった。店内は超レアな球形スピーカーをはじめ、オーナー大嶋さんの趣味全開の中古・ビンテージ尽くし。ミッドセンチュリーな雰囲気を漂わすオシャレなカフェとして通う常連客も多い。

地元のパン屋が焼く、横に平たい天然酵母バンズは気泡粗く、ザラッとした食べ口。部位3カ所を合わせたパティのやわらかな食感とは対照的だ。豪快な盛り付けのフレンチトーストなど、スイーツも人気。

- 住 千葉県柏市中央町4-25
- 交 JR常磐線・東武野田線
  柏駅より徒歩5分
- 電 04-7163-1166
- 営 11:30～ L.O.23:30
- 休 月曜
- 席 カウンター6席・テーブル15席
- P なし

パティ 113 グラム
喫煙 OK
テイクアウト
子供入店可
革イス可

↑アンティークな家具・雑貨が並ぶ店内は、オシャレなカフェとしても趣がある

←「フレンチトースト with バニラアイス」(550円)はバターと生クリームがたっぷり！熱いハチミツソースとシナモンをかけて

↑店名には、柏がちょうど国道6号線と16号線のクロスポイントであるという意味が

「チリチェダーバーガー」(1180円)。チェダー2枚の粘り気を軸にチリがホットに暴れ回る。チーズの香ばしさと、チリの香ばしさ——コレは絶対にビール！

MENU

ハンバーガー 880円／サルサバーガー 980円／アスパラモツァレラバーガー 1230円／アボカドシュリンプバーガー 1280円／フィッシュ＆チップス 600円

Chiba

Crown
Patty
Tomato
Onion
Lettuce
Sauce
Heel

THE BURGER MAP

R-S

アールズ

Since 2008 / パティ 115グラム / 昼のみ禁煙 / テイクアウト / 子供入店可 / 車イス可

築40年の団地に舞い降りた、情熱的ハンバーガーショップ

東京・千駄木『Rainbow kitchen』に勤めていた島本さんが、同店のオーナー坂口さんらの協力を得て完成させたバーガー店。妹が経営するドッグサロンを併設したバーガー1個1000円の専門店は、築40年を経過する団地の商店街にあって、かなり異質な存在である。パン好きに広く知られる名店『Zopf』が作るバンズは、グルテンが効きまくる生地の強烈な弾むが特徴。粉の香りも実に良い。ビーフパティはオージーの赤身肉中心で、分厚くしっかりとした食感。ソースも入りキャッチーな味だが、素材の旨みも十分楽しめるという、二律背反をクリアしたハンバーガーだ。付け合わせのポテトは『Rainbow Kitchen』と同じカーリーフライ。

← 通路を進むと奥半分が「ドッグスサロンR」。もちろん『R-S』自体も店内ドッグOKで、愛犬家たちの間で親しまれている

→ 夜のおすすめ「チョリソー」(600円)、半熟の目玉焼き添え。生ビール「カールスバーグ」と合わせたい

MENU

ベーシックバーガー 850円／キセキ 1250円／サラダ 400円〜／ナチョス 650円／シェイク 600円〜／生ビール（カールスバーグ）550円〜／気まぐれビール 600円〜

🏠 千葉県松戸市小金原6-2-6 小金原中央商店街内
🚃 JR常磐線北小金駅より車で10分
📞 047-312-6668
🕐 11:00〜 L.O.22:00
休 火曜（祝日の場合は翌日休）
席 カウンター3席・テーブル15席・テラス4席
P あり（商店街共用）
http://rsburger.exblog.jp

Chiba

Crown / Patty / ketchup / Sauce / Onion / Mayonnaise / Tomato / Lettuce / Mayonnaise / Heel

甘めのトマトソースと酸味の効いたタルタルに、ピーマンの苦みが加わる「ハンバーガー」(1080円)。こんがり焦げ茶色したバンズのてっぺんにはカボチャの種が

Since 2008

パティ 125グラム
喫煙 OK
テイクアウト
子供入店可

キャッスル ロック
Castle Rock

良質なアメリカ料理を伝える、住宅街のくつろいだレストラン

ニューヨーク州北西部・ロチェスターという街でフュージョンレストランに勤めていた穂積さんが夫婦で始めたグリル。良質なアメリカ料理の数々をアットホームなもてなしとともに提供する。店名は、穂積さんが学生時代に住んでいたコロラド州の町の名前から。メニューはステーキやベビーバックリブなどの肉料理が中心だ。

ハンバーガーは上質なUSビーフを店で挽いたパティと、深夜の首都高を飛ばして取りに行く『峰屋』の天然酵母バンズの競演。USビーフ特有のしっかりした赤身の味と脂の旨みが、日本の酒種酵母の風味や生地の弾力とマッチして、奥深い味わいを作り出している。都心から地下鉄で20分とアクセスも良好。

→ 住宅街の一角にあるゆったり広い店内には、カップルや家族連れが集う

Chiba

↑ 本場N.Y.州仕込みの「バッファローウィング」(600円)。ブルーチーズソースが味の決め手となっている

MENU

ハンバーガー 850円／チリチーズバーガー 1050円／コールスロー 200円／アイスクリーム付アップルパイ 450円／生ビール(ギネス1pt) 900円／バーボン(シングル) 500円

🏠 千葉県市川市新井3-3-19
🚇 東京メトロ南行徳駅より徒歩5分
📞 047-356-0969
🕐 11:30〜14:00(土日祝〜15:00)
　　18:00〜 L.O.22:30
🚫 月曜(祝日の場合は翌日休)
🪑 カウンター4席・テーブル23席
🅿 1台
　http://castlerock-burger.com

Crown
Sauce
Patty
Onion
Tomato
Lettuce
Heel

102　THE BURGER MAP　　　　　　　　Chiba

「ベーコンチーズバーガー」(1050円)。自家製ロシアンソースのクリーミーなコクに、2種類のチェダーチーズ、オーブンで焼いたベーコンの塩気が重なる王道

Since 2005

パティ 115グラム
喫煙 OK
テイクアウト
子供入店可

アロハ ダイナー デュークス
ALOHA DINER DUKE'S

船橋の住宅地の路地で、ハワイの空気を感じてみよう

2005年に船橋にオープンしたハワイアンレストラン。店内にはハワイに関するイラストやグッズがたくさん飾ってあり、白を基調にした明るい雰囲気。

パティは粗めに挽いたオージービーフの赤身と和牛を7対3でミックス。バンズはカリッとした感じを出すために、しっかりと焼き色を付けている。オーナーシェフの伊藤丈徳さんは「ハンバーガー専門店ではない」と言うが、バーガーとしての完成度は高い。

フラダンスのショーやウクレレライブなどもあるので、時間を作ってのんびりハンバーガーを味わってみたい。伝説のハワイアンラガー「プリモビール」など、ビールの種類が豊富なのもうれしい。

MENU

BBQチーズバーガー 950円／ベーコンエッグチーズバーガー 1150円／JJ モチコチキン 450円／シュリンプケサディア 800円／オレオシェイク 650円／ビール（コナビール）700円

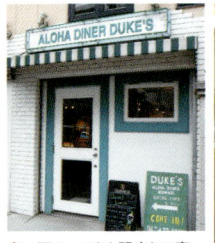

↑「チリビーンズチーズバーガー」（1050円）。自家製チリビーンズは、十数種類のスパイスを使い、隠し味に七味を加えた、日本人好みのマイルドな味付け

↑正面入口よりも駅寄りの裏口から入ったほうが便利

↑ハワイの定番メニュー「ロコモコ」（850円）のほか、スパムおにぎり、シーフードオムライスなどフードも充実

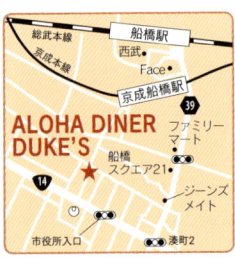

Chiba

Crown
Sauce
Patty
Onion
Tomato
Lettuce
Mayonnaise
Heel

🏠 千葉県船橋市本町2-10-29
🚃 JR総武本線船橋駅より徒歩8分
☎ 047-433-4671
🕐 11:30～ L.O.13:30／17:30～ L.O.21:00
土祝は17:30～ L.O.21:00のみ
休 日曜・月曜
席 カウンター5席・テーブル26席
P なし
http://dukes.blog59.fc2.com/

Since 2009

パントリー コヨーテ
PANTRY COYOTE

素朴なメキシコ料理のエッセンスをハンバーガーに凝縮

『Village Vanguard』のダイナー部門を立ち上げた福永剛さんが、「前職とは全く異なるアプローチのバーガー専門店をやりたい」と独立。メキシコ料理の技法を用いたバーガーやアメリカ南部料理を提供する。
「スパイスを一切用いず、塩と唐辛子、野菜の旨みだけで作るメキシコ伝統のサルサを自家製で3種用意。料理によって使い分けています」と、福永さん。小麦胚芽入りのバンズは外をカリッと焼き上げ、こね過ぎないよう成形したビーフ100パーセントのパティは、丸く厚みが残るように焼く。ジューシーさと、ほろっと崩れる食感が特徴的だ。長生葱など野菜は、千葉県・外房の契約農家より直送のものを中心に使っている。

パティ 113グラム
昼のみ禁煙
テイクアウト
子供入店可
車イス可

MENU
クラシックビーフバーガー 800円／房総テリヤキバーガー 790円／ダッチオーブンチリバーガー 1030円／バッファローチキンウイング 630円／ビール（エビス樽生）580円

🏠 千葉県千葉市中央区中央3-11-11 ニュー豊田ビル1F
🚃 京成千葉線千葉中央駅より徒歩7分
☎ 043-225-8677
🕐 11:30～23:00
休 水曜
席 カウンター3席・テーブル14席
P なし

↑ カントリーアメリカン風の店内は、店内奥に小さなロフトがあって、パントリーとして使われている

← 屋根裏部屋とガレージを合わせた感じで、アメリカの田舎にあるどこかの家に潜り込んだ印象。雑貨などの小物もさりげない

↑ 自家製4種ディップを積み重ねた「チリ・ナチョス」（740円）

↓ 3種類の自家製サルサ、チーズ、グリルドオニオン入りの「オールインワンサルサバーガー」（1000円）。塩と唐辛子と野菜の旨みで構成した、滋味豊かなハンバーガーだ

Chiba

Crown
Mayonnaise
Pickles
Onion
Patty
Tomato
Lettuce
Mustard
Heel

THE BURGER MAP

比較食文化研究家
新井由己が考えるハンバーガー

ハンバーガー"上陸"物語
進駐軍といっしょに、ハンバーガーがやって来た!

　アメリカのハンバーガーの"発祥地"には諸説あり、ウィスコンシン州とテキサス州で元祖争いをしている。ひき肉とタマネギを混ぜて焼いたハンバーグステーキの歴史は古いものの、それをバンズ（小型のパン）に挟んだ「ハンバーガー」が生まれたのは、1900年前後のことである。アメリカでも100年ちょっとの歴史しかないことに驚かされる。ちなみに現存する最古のチェーン店は1921年創業のホワイトキャッスルで、マクドナルドの創業は1955年（日本上陸は1971年）である。

日本のハンバーガーの夜明け

　ハンバーガーが日本で食べられるようになったのは戦後からで、主に米軍基地の近くにある店で提供されていた。敗戦後、進駐軍（連合国最高司令官総司令部）による管理が始まり、多くのオフィスビルや軍関係の建物が接収された。京浜急行・汐入駅近くにあった日本海軍の下士官兵集会所は「EMクラブ」と呼ばれる娯楽施設になった。ピザ専門店、ビヤホール、バー、ダンスホール、ボウリング場などがあり、ビッグバンドジャズの演奏を聞きながら、ハンバーガーをほおばりコーラを飲む光景が見られたという。

　「ハンバーガー伝来の地」をアピールする長崎県佐世保市も、戦後すぐに創業した店が多く、個人営業のハンバーガーショップが30軒以上も存在する。当時の味を守るのが「ブルースカイ」の宇土三千代さん。創業は1953年だが、保健所の許可を取って営業を始めたのがこの年で、常連客の話によるとそれ以前から店は存在したようだ。

　「電気屋を営んでいた父は、外国人であふれる町を見て、米兵相手の商売を

日比谷の三信ビルにあった「ニューワールドサービス」のチーズバーガー

始めようと思ったようです。でも創業当時はラーメン一杯の値段よりハンバーガーのほうが高かったんですよ」

カウンター8席の小さな店だが、トマトとタマネギの味がさえるバーガーの味と同様に、店の場所も昔と変わらない。店を受け継いだ娘は「父の味を変えないことが私の役目」と話す。食べやすいようにと、裏返しで出される。

一方、東京では日比谷の三信ビルを進駐軍が使うことになり、そこで働く人たち相手に洋食を提供する店「ニューワールドサービス」が誕生（創業1948年）。厨房器具は米軍の払い下げ、進駐軍のコックに教わったハンバーガーは見た目はシンプルながら、パティの脂のうまみと香りが見事に調和していた。再開発のため2007年3月30日に閉店、歴史ある三信ビルは解体されてしまった。

そして六本木には1950年創業の「ザ・ハンバーガー・イン」があった。当時、マッカーサー元帥の経理を担当していたユダヤ系アメリカ人が日本初のハンバーガー専門店として飯倉片町で開業。1964年に六本木5丁目交差点角の雑居ビル一階に移転して営業を続けていたが、この店も2005年10月に惜しまれつつ閉店してしまった。

宮城県仙台市の「ほそや」も1950年創業。終戦後、山形の米軍キャンプの調理場で働いた店主はハンバーガーのとりこになって、3年後に基地の目の前にバーガー店を開く。2年後には仙台の基地前に移転、ほどなく現在の場所に落ち着いた。カウンターが10席ほどの小さい店で、バーガーは「ほそやのハンバーガー」と「チーズバーガー」のみ。仙台牛100パーセントのパティにタマネギがほんの少し入っている程度で、バーガーはあくまでも「牛肉を味わうもの」だと主張する。

THE BURGER MAP

比較食文化研究家
新井由己が考えるハンバーガー

マクドナルドからクアアイナまで、
大衆化を果たした大手チェーンの功績

　戦後、米軍基地周辺で細々と食べられていたハンバーガーは、マクドナルドの日本上陸によって一気に大衆化の道を歩むが、大手チェーンの創業は以下のとおりである。

Hamburger History

1963年10月	A&W（沖縄・屋宜原）
	※米軍統治下の沖縄 日本復帰は1972年
1970年 5 月	ドムドムバーガー（東京・町田）
1971年 7 月	マクドナルド（東京・銀座）
1972年 3 月	モスバーガー（東京・成増）
1972年 9 月	ロッテリア（東京・日本橋）
1977年 9 月	ファーストキッチン（東京・池袋）
1980年 5 月	ウェンディーズ（東京・銀座）
1986年10月	ベッカーズ（東京・新宿）
1992年12月	フレッシュネスバーガー （東京・富ヶ谷）
1993年 9 月	バーガーキング（埼玉・入間）
1997年11月	クアアイナ（東京・青山）
2007年 6 月	バーガーキング（東京・新宿） ※2001年に撤退後、再上陸

　マクドナルドによって牛肉のおいしさを知った子どもたちは、ポテトとシェイクの未知の味にも衝撃を受けた。そして、マクドナルドに対抗するように日本人が考案したハンバーガーチェーン、モスバーガーが創業する。注文を受けてから作る手づくり感が特徴で、てりやきバーガーやライスバーガーなど和食の要素も積極的に取り入れてきた。

　大手チェーンに変化が見られたのは、フレッシュネスバーガーの登場からだろう。1992年、東京大学・駒場キャンパス近くの少し不便な場所にフレッシュネスの1号店がオープンする。

　創業者の栗原幹雄さんは、アメリカで見た鉄板で焼くハンバーガーにひかれ、そのイメージを大事に店を作った。もちろんハンバーガーにもこだわり、オーダーを受けてから作るのはモスバーガーと同じ。当初から農家と契約し、

1969年オープンのA&W牧港店。沖縄2号店の歴史を感じさせる

朝どりの野菜を仕入れ、パティは指定した餌で育てたオージービーフを使用。好みは分かれるが、栗カボチャを練り込んだ独特なバンズを使っている。

オープンテラスを設けたウッディなカフェ風の店舗で、ハンバーガーを食べてのんびりくつろぐスタイルを定着させた。フレッシュネスのメニューを眺めると、そこには「遊び心」がある。創業時からあるサルサバーガーや搾りたてのフレッシュジュースなど、注文してみたいと思わせるメニューが多い。

また、マクドナルドの「メガマック」、モスバーガーの「匠味」、ロッテリアの「絶品バーガー」と比べると、フレッシュネスの「クラシックバーガー」は、バンズがカリカリに焼いてあって、しっかりとした弾力がある。粗びきのパティ、トマト、オニオンスライス、レタス、ピクルスなど、全体のバランスもいい。

そして高級感のあるバーガーを広め、アボカドバーガーの知名度を上げたのは、1997年にホノルル店と日本の青山店をオープンしたクアアイナだろう。1975年にハワイで創業し、現在はハワイに2店、日本に15店を展開。日本での人気ぶりがうかがえる。

大手チェーンも、メニューの一部が少しずつ高級化して、セットで注文すると700円をこえることがある。こうなると、高級ハンバーガーと値段の差があまりなくなってくる。本書に登場するグルメバーガーの店は、ランチタイムに行くとポテトとドリンクが付いて1000円くらいの店も多い。その差は300円だが、食べたときの満足感の違いが値段以上なのは言うまでもない。まずはランチタイムに近くのグルメバーガーの店に足を運んでほしい。これまでの価値感がきっと変わるはずだ。

比較食文化研究家
新井由己が考えるハンバーガー

ジャンクフードから国民食へ
ハンバーガーを飲み込んだニッポン

　ハンバーガーといえば「牛肉のパティをバンズに挟んだもの」と思っている人は、ちょっと考えを改める必要があるかもしれない。アメリカで誕生したハンバーガーは、戦後になって日本に伝えられると、少しずつその姿を変えてきた。

　日本で親しまれている"ハンバーガー"には、バンズの間に挟む具材に制限がない。ホッケ、ホタテ、サケ、カキ、ニジマス、ウナギ、タイ、ブリなど魚介系のバーガーが増えているほか、さつま揚げやかまぼこを挟んだバーガーは、海に囲まれた日本らしい。

　地元の名物料理を挟んだもの、魚を利用したもの、地産地消を目指した「ご当地バーガー」は全国に100種類以上あるが、生態系を乱すブラックバスやブルーギル、農作物を荒らすエゾシカやイノシシなどを駆除して、それを有効活用する"駆除系バーガー"も増えている。

　このような地域が急増している背景に、佐世保バーガーに続く町おこしを狙っていることや、大手チェーンやグルメバーガーの人気に後押しされていることがある。以前だったらジャンクフードとして下に見られて取り上げられなかったハンバーガーが、食事のひとつとして認識されている証拠だろう。

国民食になったハンバーガー

　ハンバーガーは、バンズとパティと野菜が一体化していて、一口で主食と副食が味わえるところに特徴がある。手づかみで食べられ、立ち食いもしやすいことを考えると、おにぎりや寿司と似ているだろうか。もしかしたら、アメリカ版「おふくろの味」なのかもしれない。

　かつてはアメリカに憧れてハンバーガーをほおばっていたかもしれないが、今では子どもからお年寄りまで、気軽

（写真上）沖縄jefの「ゴーヤーバーガー」と、ポークランチョンミート入りの「ぬーやるバーガー」　（写真右）カルビとキムチとサンチュと韓国海苔を挟んだ大阪の「鶴橋カルビバーガー」

にハンバーガーを食べているような気がする。モスバーガーの「ライスバーガー」を見ればわかるように、いまやハンバーガーは"西洋おにぎり"となって、日本食のひとつになっている。

　外国から入ってきた文化をアレンジして独自のものにしてしまうのは、日本人の大きな性質だ。あんぱん、カツ丼、ラーメンなどはその典型例といえるだろう。中国大陸から伝わった麺食文化は、日本独特のラーメンに発展した。専門店や屋台を食べ歩いたり、袋麺やカップラーメンを手軽に味わう楽しみは、まさに日常食として定着している。

　ハンバーガーも、ラーメンと同じように「何をどこで食べるのか」使い分ける時代がやって来た。

　例えば、大手チェーンのハンバーガーは缶コーヒーで、グルメバーガーは喫茶店のコーヒーと考えたらどうだろうか？　手軽に安くいつでも飲める缶コーヒーもいいけど、たまにはカフェでのんびりしながら、コーヒー片手に読書をしてみたい。一杯700円以上のコーヒーを味わえる店もあれば、スターバックスくらいの価格帯の店もあるだろう。

　また、本場アメリカのハンバーガーはパサパサで硬いパティが好まれるが、日本人は肉汁がしみ出るようなジューシーさに旨味を感じる。本書で紹介した店は、外国人に出しても恥ずかしくない、日本を代表するハンバーガーといっていいだろう。「これが日本のハンバーガーだ！」と胸を張って叫びたい。

　全国各地には戦後から続くバーガー店がある一方、新進気鋭のグルメバーガー店も少しずつ増えている。ラーメンやカレーのようにハンバーガーが日常食になり、毎日のようにハンバーガーを食べ歩く人が増えることを祈って。

監修・執筆：松原 好秀 プロフィール　http://hamburger.jp/

　1971年、東京都生まれ。ハンバーガー探求家・普及活動家・コンサルタントとして、ハンバーガー界と深いつながりをもつ。2004年よりハンバーガーの探求を開始、サイトとブログ「ハンバーガーストリート」を展開中。世界にひとつだけの「hamburger.jp」のドメインを取得している。
　2008年と2009年に、ハンバーガー専門誌『HAMBURGER STREET』を自主出版。

撮影・執筆：新井 由己 プロフィール　http://love-burger.net/

　1965年、神奈川県生まれ。フォトグラファー＆ライター。同じ物を広範囲に食べ歩き、その違いから地域の文化を考察する比較食文化研究家でもある。1996年から「おでん」を研究し、1997年からご当地バーガーを中心に食べ歩く。
　現在は、ハンバーガーから見える戦後の食文化史がテーマ。「新・ハンバーガー愛好会」呼びかけ人。

THE BURGER MAP
首都圏版

2010年7月30日　初版第一刷発行

監修・執筆：松原 好秀
撮影・執筆：新井 由己
アートディレクション：伊東 岳美
地図製作：田辺 桂
イラスト：浅葉 未渚（CUEWORKS, inc.）
　　　　　川上 あや子（シタァール）

協力：掲載店各位

発行人：関 泰邦
発　行：有限会社 幹書房
〒330-0064　さいたま市浦和区岸町6-5-22-101
TEL 048-833-6999　FAX 048-833-7080
mail@mikishobou.com
http://www.mikishobou.com/

印刷・製本：中央精版印刷株式会社

本文・写真地図などの無断転載・複製を禁じます
ISBN978-4-902615-70-8　C0076　¥1238E